构建更高水平开放型经济体制研究

以厦门为例

黄群慧 等著

中国社会科学出版社

图书在版编目（CIP）数据

构建更高水平开放型经济体制研究：以厦门为例 / 黄群慧等著. -- 北京：中国社会科学出版社，2024. 8.
ISBN 978-7-5227-3866-6

Ⅰ．F127.573

中国国家版本馆 CIP 数据核字第 20249Y2653 号

出 版 人	赵剑英
责任编辑	党旺旺
责任校对	季　静
责任印制	王　超

出　　版	中国社会科学出版社
社　　址	北京鼓楼西大街甲 158 号
邮　　编	100720
网　　址	http://www.csspw.cn
发 行 部	010-84083685
门 市 部	010-84029450
经　　销	新华书店及其他书店
印　　刷	北京明恒达印务有限公司
装　　订	廊坊市广阳区广增装订厂
版　　次	2024 年 8 月第 1 版
印　　次	2024 年 8 月第 1 次印刷
开　　本	710×1000　1/16
印　　张	14.5
插　　页	2
字　　数	182 千字
定　　价	75.00 元

凡购买中国社会科学出版社图书，如有质量问题请与本社营销中心联系调换
电话：010-84083683
版权所有　侵权必究

"构建更高水平开放型经济体制研究
——以厦门为例"课题组

课题组组长: 黄群慧　中国社会科学院经济研究所
课题组副组长: 戴松若　厦门市发展研究中心
课题组成员: 刘学良　中国社会科学院经济研究所
　　　　　　　倪红福　中国社会科学院经济研究所
　　　　　　　刘洪愧　中国社会科学院经济研究所
　　　　　　　张自然　中国社会科学院经济研究所
　　　　　　　张小溪　中国社会科学院经济研究所
　　　　　　　胡岚曦　中国社会科学院经济研究所
　　　　　　　续　继　中国社会科学院经济研究所
　　　　　　　吴立元　中国社会科学院世界经济与政治研究所
　　　　　　　王晓星　首都经济贸易大学经济学院
　　　　　　　谢　强　厦门市发展研究中心
　　　　　　　林　智　厦门市发展研究中心

序　　言

　　厦门是一座美丽的海滨城市,素有"海上花园"之称,同时,厦门也是中国东南沿海重要的经济、文化中心之一,有悠久的对外开放历史和深厚的对外交流传统。改革开放后,特别是1980年经济特区获批设立以来,厦门的对外开放型经济取得巨大的发展成就,厦门形成经济特区、台商投资区、出口加工区、保税区、自由贸易试验区、"一带一路"倡议支点等全方位、宽领域、多层次对外开放格局,发挥了国家对外开放"重要窗口"的作用。2021年,厦门市进出口总额占GDP的比例达到126%,在全国城市中排名第四位,凸显了厦门开放型经济的特征。

　　然而,近年来,国际经济政治格局发生深刻变化,自2017年来,中美经贸摩擦、逆全球化潮流、新冠疫情、乌克兰危机、国际性通货膨胀,等等,百年未有之大变局下世界种种矛盾冲突不断爆发,中国经济发展面临的外部环境愈发复杂。国际政治格局的变化突出表现在,霸权主义与强权政治盛行,在遏制与封锁下中国的一些行业和企业的经营发展受到严重影响,国际产业链供应链也因此被干扰。因此,经济全球化遭遇逆流,世界进入动荡变革期,中国外向型经济的发展在近年来遭遇许多风浪波折。厦门作为中国东南沿海的以开放型经济为底色的城市,不可避免地直接受到冲击和挑战,这已经反映在厦门近年来的许多经济数据指标上。"船到中流浪更急",在这种形势下，厦门应何去何从，如何在竞争中谋求进一步发展，发挥自身比较优势，把握战略机遇，应对风险挑战，是厦门面临的重大问题之一，这需要厦门做出深入研究，科学分析判断形势和方向，把好舵、扬好帆、行好船。这正是厦门市与中国社会科学院经济研究所开展这一合作课题研究的根本出发点。

厦门市与中国社会科学院，特别是中国社会科学院经济研究所有持续稳定的良好合作关系和合作传统。1985—1988年习近平同志在厦门担任市委常委、常务副市长期间，牵头组织编写了《1985年—2000年厦门经济社会发展战略》，成为指导厦门城市中长期建设发展的战略蓝本。其中，中国社会科学院经济研究所的老一辈经济学家董辅礽先生就受邀担任该书的顾问，为厦门的发展战略建言献策。2014年，中国社会科学院和厦门市人民政府签订《战略合作框架协议》，双方的合作进一步深入拓展，厦门成为中国社会科学院国情调研基地，以此为基础，双方合作产生了一系列研究成果，不少成果如《厦门自贸区政策研究和评估》《厦门降成本评估与政策研究》等还以专著形式公开出版。

展现在读者面前的这本书是双方战略合作研究的最新成果。面对严峻复杂的外部环境，党中央审时度势，在对外开放方面提出实行更加积极主动的开放战略，推进高水平对外开放，建设更高水平开放型经济新体制，优化区域开放布局等战略举措。党中央提出的战略部署需要各地区、各部门深入学习领会，认真贯彻落实。作为对外开放的"重要窗口"，提升厦门的对外开放水平，探索建设更高水平开放型经济新体制，是厦门义不容辞的任务。因此，"构建更高水平开放型经济体制研究——以厦门为例"这一研究题目正当其时、恰逢其势，课题组期望，通过本课题研究，能够帮助厦门准确判断当前复杂变化的国际经济形势，寻找正确的开放方向，为制定有效的开放政策打下科学、坚实的基础。书中提出中美经贸摩擦等干扰因素并未从根本上影响中国的经济发展、全球化在调整中继续前行等关键判断,提出厦门要"抢抓 RCEP 协定生效机遇""抢抓欧美通胀和成本上升机遇""争取自贸区扩容提质""探索招商引资和对外投资新路径"等意见建议,希望对厦门的高水平对外开放工作有所启发。

2024 年 1 月

目 录

前　言　厦门构建更高水平开放型经济新体制的逻辑与要点 ……（1）

第一篇　主报告

第一章　国家建设高水平开放型经济新体制的背景、
　　　　内涵与部署 ………………………………………………（9）
　　第一节　国家建设更高水平开放型经济新体制的国内外
　　　　　　背景 ……………………………………………………（9）
　　第二节　国家建设更高水平开放型经济新体制的逻辑内涵 ……（12）
　　第三节　国家建设更高水平开放型经济新体制的战略部署 ……（17）

第二章　厦门构建更高水平开放型经济新体制面临的挑战、
　　　　劣势和定位 ………………………………………………（23）
　　第一节　厦门建设更高水平开放型经济新体制的挑战
　　　　　　与劣势 …………………………………………………（23）
　　第二节　厦门在国家建设更高水平开放型经济
　　　　　　新体制中的定位 ………………………………………（28）

第三章　厦门构建更高水平开放型经济新体制的指导思想和任务举措 (32)

　　第一节　指导思想 (32)
　　第二节　任务举措 (33)
　　第三节　支撑保障 (41)

第二篇　专题报告

第四章　厦门开放型经济体制建设的历史成就和机遇挑战 (49)

　　第一节　厦门城市开发和开放型经济体制建设的历史与成就 (49)
　　第二节　厦门构建更高水平开放型经济新体制的优劣势和机遇挑战分析 (58)

第五章　厦门构建更高水平对外开放新体制的制度问题研究 (69)

　　第一节　全面完善贸易自由化便利化制度体系 (69)
　　第二节　全面对接 RCEP 新规则，形成与 RCEP 国家贸易往来的新体制 (72)
　　第三节　全面对接数字贸易国际规则，形成数字产品和数字贸易发展的新体制 (73)
　　第四节　高质量建设厦门自贸片区，争取扩容提质 (76)
　　第五节　全面对接中国外商直接投资新制度 (78)
　　第六节　完善对外直接投资制度体系，鼓励和支持企业投资建设境外产业园 (80)
　　第七节　推动建设以厦门为中心的闽西南协同发展区 (82)
　　第八节　优化营商环境，促进各类所有制企业共同发展 (83)

第六章　厦门推动出口贸易高质量发展研究 …………………（85）
第一节　厦门出口增长和结构变化的基本情况分析 …………（85）
第二节　厦门出口贸易结构存在的问题及主要原因 …………（91）
第三节　促进厦门市出口结构优化和贸易高质量发展的政策建议 …………………………………………………（96）

第七章　促进厦门双向 FDI 高水平发展研究 …………………（103）
第一节　厦门双向 FDI 发展水平分析 …………………………（103）
第二节　投资环境对厦门双向 FDI 的影响机制分析 …………（116）
第三节　厦门利用外资和对外投资面临的主要挑战 …………（126）
第四节　相关政策建议 …………………………………………（128）

第八章　厦门探索海峡两岸经济领域融合发展新路研究 ………（132）
第一节　贯彻新时代党解决台湾问题总体方略，加大发挥对台战略支点作用 …………………………………（132）
第二节　以城市发展战略为引领，深化厦台融合发展 ………（134）
第三节　夯实综合配套改革成果，加快建设两岸经济交流合作新平台 …………………………………………（136）
第四节　打造厦台产业融合、协同创新、区域共建的新态势 …（138）
第五节　创新对台贸易模式，全面优化引资引技，拓展外经新途径 ……………………………………………（141）
第六节　依托两岸区域性金融中心，推动两岸合作金融要素集聚 ………………………………………………（143）

第九章　厦门探索建设自贸港型经济特区的条件和实施路径分析 …………………………………………（146）
第一节　自贸港建设的国际经验 ………………………………（147）

第二节　厦门建设自贸港型经济特区的条件和重大意义 ……（148）
　　第三节　厦门建设自贸港型经济特区的实施路径 …………（156）

第十章　推进高水平对外开放下的厦门区域发展格局和战略 …（165）
　　第一节　厦漳泉都市圈区域发展和对外经贸的基本格局 …（166）
　　第二节　厦门市内区域发展和对外经贸的基本格局 ………（174）
　　第三节　加强区域协同发展，打造对外开放的区域高地 …（182）

第十一章　厦门构建更高水平对外开放的产业基础研究 ……（185）
　　第一节　厦门高水平对外开放的现代化产业体系建设
　　　　　　基础与优势 ……………………………………………（185）
　　第二节　厦门构建更高水平对外开放的产业生态 …………（196）
　　第三节　厦门人力资本与外向型吸引力构建 ………………（202）
　　第四节　从产业视角看厦门构建更高水平对外开放的相关
　　　　　　建议和方向 ……………………………………………（209）

参考文献 ………………………………………………………………（216）

后　记 …………………………………………………………………（218）

前　言

厦门构建更高水平开放型经济新体制的逻辑与要点

当前，中国经济发展面临的国内外环境发生深刻变化，从全球视角看，自 2017 年以来，中美经贸摩擦、新冠疫情、乌克兰危机、欧美通货膨胀和货币紧缩，等等，百年未有之大变局下世界种种矛盾冲突不断爆发，对世界经济发展构成巨大挑战，全球经济面临下行乃至衰退风险。以中国视角看，中国面临经济潜在增速不断下滑的挑战，面临世界经济潜在衰退带来国际市场需求下滑的挑战，面临逆全球化潮流和贸易保护主义挑战，面临产业链高端化过程中美国对华遏制和技术封锁的挑战，面临成本优势下降和部分中低端产业链向越南等新兴市场国家转移的挑战，这些都使得中国经济发展面临的环境越发复杂。这也是近年来中央提出构建以国内大循环为主体、国内国际双循环相互促进的新发展格局，统筹发展和安全，以及建设更高水平开放型经济新体制等重大战略的重要原因。

就厦门而言，作为中国东南沿海以外向型经济为鲜明特征的城市，在这种发展环境下受到的冲击和挑战格外明显。第一，相比其他城市，厦门经济外向度高，2022 年，厦门的进出口总额占地区生产总值的比例高达 118%，远高于福建省和全国平均水平，是国内外贸依存度最高的城市之一，这决定了厦门经济发展与外贸形势的密切关联，受内外需下滑压力的影响格外大。第二，厦门特区因台而设，对台贸易和台湾投资所占比重大，当前两岸关系复杂严峻，也对厦门的相关经济活动产生影响。第三，厦门自身经济结构、产业结构存在的问题弱化了厦门对于外部经济风险的抵御能力。厦门的城市规模较小，经济体量不够大，和上海、深圳等港口城市相比缺乏广阔的经济腹地，区域内港口群同质化竞争激烈，工业制造业缺乏自主先进技术和知名品牌，本土民营经济发展不够充分，引进的外资外地企业虽然不少企业具有较强的原始创新能力和较高的产品市场定位，但在厦布局更多定位于产业链中低端的生产制造，企业自主创新能力和发展活力不足成为厦门经济高质量发展的重要瓶颈。

因此，在这样的发展阶段、发展环境和发展条件下，厦门的对外经济发展面临大而不强、后续乏力的困境，过去长期发展中形成的"大进大出"型外向型经济发展模式难以为继。厦门抵御外部经济下行风险的韧性不够强，向上转型升级的内生动力不够足，经济进一步发展的潜力不够大的问题亟待破解。

当然，说厦门过去形成的外向型经济发展模式难以为继，不是说厦门经济发展模式要180度大转弯，从过去的外向型经济向内向型经济转变。一方面，开放型经济是厦门的鲜明底色和核心比较优势，这是由厦门的历史、文化、区位、交通等众多现实条件所决定。这决定了厦门要谋求经济高质量发展，就必须扬长避短，发挥比较优势，坚持走开放发展的道路。另一方面，危和机总是同生并存的，既要看到目前世界政治经济局势不太平，又要看到，中美经贸摩擦等干扰因素并未从根本上影响中国的经济发展，并且，一些新的战略机遇还在悄然形成。

首先，要看到，中国的对外经济发展并未受到2018年来中美经贸摩擦的根本影响。不仅中美贸易额再创历史新高，而且从中美双边贸易数据看，还出现了中国口径的对美出口明显超过美国统计的自华进口的反常"倒挂"现象。因此，由于美国需求高度依赖中国供给，中美经贸摩擦带来的更多是企业采取种种措施逃避关税而不是直接对华脱钩。

其次，要看到，全球化在调整中继续前行，全球化继续发展仍是大趋势。这一波逆全球化浪潮主要是2017年特朗普当选后由美国发动的，但是世界其他主要经济体如欧洲等并未跟随。从中美欧三大经济体关税税率看，中美经贸摩擦爆发后，只有美国的关税税率有明显提升，而欧盟、中国的关税税率继续下降。此外，美国的高关税税率并未持续太久，到2020年，美国关税税率就已降回至2016年水平。近年来，一些新的区域自贸协定如《区域全面经济伙伴关系协定》（Regional Comprehensive Economic Partnership，RCEP）等取得新的进展。

最后，要看到，2022年乌克兰危机、能源危机和通胀高烧不退，首当其冲被打击的是欧美经济，而中国不仅通胀稳定可控，政策空间充裕，且经济相对欧美的成本优势进一步增强，这给我们创造了历史性机遇。乌克兰危机致使欧美经济出现全面的成本推动型通胀，部分对相关成本敏感的产业存在转移需求，而中国与俄罗斯关系稳定，且危机爆发导致俄罗斯不得不把供给转向中国等市场，中国自俄罗斯、中亚进口的天然气、石油等战略资源大幅增加。这对加强中国相对欧美经济体的成本优势有很大帮助，必须抢抓这一轮欧洲订单和产业转移的战略机遇。

因此，厦门应坚定走开放发展之路，积极推进高水平对外开放，以更大范围、更宽领域、更深层次的对外开放应对各种风险挑战。积极推进高水平对外开放的抓手是构建更高水平开放型经济新体制，要推进厦门从外向型经济向开放型经济转变，明确厦门新发展格局节点城市的战略定位，巩固提升厦门的经济"双循环"优势，破解深层次体制机制障碍，充分利用新阶段国家开放政策，服务好国家发展大局，在完善开放型经济体系的同时，同步推进产业转移、方式转变和经济转型。关键要在如下方面发力。

第一，争取自贸区扩容提质，完善高水平国际贸易的体制机制。要高质量建设厦门自贸片区，争取自贸区扩容提质，将翔安新机场相关区域、若干科技园区、跨境电商示范区、知识产权园区等现代化服务业园区纳入自贸试验区范围，形成联动发展格局。积极争取厦门自贸港建设试点，探索向自由贸易港区转型，完善管理模式，推行负面清单制度，在金融服务业对外开放等领域先行先试。要完善贸易便利化制度体系，支持跨境电商、数字贸易等新贸易模式加快发展，建设有全球影响力的跨境电商服务体系，全面对接数字贸易国际规则，不断提高数字贸易治理能力。加快对接 RCEP 规则制度，形成与 RCEP 国家贸易往来的新体制，促进厦门企业"走出去"，加深与 RCEP 国家的产业链供应链联系，织密与 RCEP 国家港口之间的航线，开拓 RCEP 电商市场。多措并举拓宽拓深港口陆地经济腹地，以闽西南城市群为依托，以中西部货源为方向，拓展延揽货源纵深，做大做强外贸业务。

第二，进一步优化外资企业投资环境，探索招商引资和对外投资新路径。要全面对接中国外商直接投资新制度，落实《外商投资法》及其配套法规和实施条例，进一步优化外资企业投资环境。充分利用国内经济大循环，鼓励外资出口型企业出口转内销，开拓国内市场。加大金融、人才等支持外资力度，打造高科技、数字经济等领域吸收外资的竞争新优势。尽快恢复因疫情影响而中断的人员交流，抓紧机会走向海外招商引资。完善对外直接投资制度体系，借鉴深圳、浙江、江苏等地经验，引导有条件的大型企业和企业集团走出去投资建设境外产业园，巩固厦门与相关国家的产业链供应链联系。把握本轮乌克兰危机和国际通货膨胀带来的产业链转移机会，积极赴德、法等欧盟国家寻找招商引资机会。探索招商引资新路径，鼓励国内国有、民营企业主动走出去，寻找海外投资、兼并收购机会，支持项目落地厦门。

第三，推动厦漳泉区域经济深度融合发展，提升厦漳泉都市圈在全国和国际市场中的竞争力。推动厦漳泉都市圈上升为国家战略，争取国家层面的政策支持，推动厦漳泉一体化协同化的顶层设计规划和发展，加强厦漳泉城市间规划的有序衔接。推进交通网络一体化发展，完善城市间地铁网络的衔接,缩短厦漳泉城市间通勤时间,加快厦门、漳州、泉州等地形成"半小时交通圈"。推进厦漳泉区域统一大市场建设,打破行政藩篱,畅通循环堵点,加强公共资源共建共享,整合空港、海港资源,完成厦门港与漳州港的资源整合,推进翔安新机场与泉州的协同发展。充分发挥厦门、漳州、泉州各市的比较优势,实现优势互补和协同发展,加强闽西南城市群组团在全国以及国际市场中的竞争力,打造开放型经济的区域高地。

第四,贯彻落实"跨岛发展"战略,拓展开放型经济的发展空间。加快推进本岛旧城旧村改造,在城市有机更新中带动产业项目落地,着力提升产业能级,改善城市面貌。优化东渡港区和高崎机场的空间布局,推进东渡港区功能向海沧、翔安港转移,高崎机场功能向翔安新机场转移,腾退土地资源,高水平规划落实腾退土地的用途,着力再造发展空间,以科创、金融、文旅、总部经济等为重点,加速岛内产业升级转型。要以岛内外一体化思路拓展岛外新城新格局,加快基础设施、产业布局和公共服务跨岛覆盖和有序转移。加快海沧、翔安港区的建设提升工作,承接东渡港区业务转移,进一步做大做强厦门港口,探索新时代破解港城矛盾,以港兴城,港城融合新道路。稳步推进翔安新机场建设,完善以机场为核心的交通基础设施建设,发挥新机场向泉州的辐射作用,构建厦泉临空产业区,打造"海丝"核心区国际航空枢纽。争取自贸区进一步向岛外翔安等区域扩围,化解自贸区厦门片区范围过小,土地资源过于紧张的矛盾。

第五,以产业结构升级为核心,完善现代化产业体系,夯实开放型经济发展的产业根基。厦门加工贸易日渐式微,而一般贸易则有较大贸易逆差,关键原因在于开展一般贸易的产业基础不够发达。要以产业结构升级为核心,进一步完善基础设施建设支撑,持续为互联互通和开放型产业布局提供优质服务。完善前沿技术协同创新机制,形成优势互补和创新资源集聚。加快产业链供应链建设,加强产业联盟、产学融合平台建设，储备未来产业的技术与人才。要以城市产业升级为契机推动要素流动重组和资源整合，引导低附加值传统企业向闽西等厦门经济腹地区域转移，腾出宝贵土地资源以主动承接世界产业转移，加快厦门产业规模和质量提升。

"风物长宜放眼量"，总之，厦门要坚持用全面、辩证、长远的眼光分析当前经济形势，善于从眼前的危机、眼前的困难中捕捉和创造机遇，努力在危机中育新机、于变局中开新局。要以建设更高水平开放型经济新体制为指引，进一步扩大高水平对外开放，抢抓 RCEP 协定生效机遇，主动走出去，加强与东盟国家的经贸往来和产业链上下游联系，抢抓欧美通胀和成本上升机遇，吸引国际订单和产业转移，在本轮全球产业链供应链调整中促进自身产业提质升级。

第一篇
主报告

第一章

国家建设高水平开放型经济新体制的
背景、内涵与部署

近年来，中国发展阶段、增长动力、国际经济与政治格局正在发生重大变化，过去的传统开放体制已不能适应新的形势，亟须建设高水平开放型经济新体制[①]。2013年党的十八届三中全会提出"构建开放型经济新体制"，2019年党的十九届四中全会《决定》与2020年"十四五"规划提出建设更高水平开放型经济新体制。2013年党的十八届三中全会提出"构建开放型经济新体制"，2019年党的十九届四中全会《决定》与2020年"十四五"规划提出建设更高水平开放型经济新体制。更高水平开放型经济新体制有深刻的国内外背景、丰富而具体的逻辑内涵。为了成功建设更高水平开放型经济新体制，需要科学可行的战略部署。

第一节　国家建设更高水平开放型
经济新体制的国内外背景

一　中国经济发展阶段的变化

首先，中国已经从高速增长阶段进入高质量发展阶段，发展理念从

---

① 陈健、郭冠清：《新时代中国建设更高水平开放型经济新体制的方向与路径》，《改革与战略》2019年第11期。

追求速度与数量转变为追求创新、协调、绿色、开放、共享的高质量发展。发展理念的变化要求我们重塑传统的开放经济体系，建设高水平开放型经济新体制。其次，中国已经站在了一个更高的历史起点上，这也要求我们调整过去的开放经济体系。一方面，新的经济水平需要新的政策。例如以前很多需要保护的产业已经拥有了国际竞争力，相关政策需要做出调整。另一方面，以前没有条件推动的更高级别的开放逐渐具备了条件。例如打造国际性或区域性金融贸易中心、领导区域经贸发展，以前并不具备这样的条件，现在具备了。要打造国际性或区域性金融贸易中心，却维持着过去贸易、投资、金融、信息等各个方面开放度自由度较低的制度安排，显然是不够的，因而需要建设更高水平的开放型经济新体制。最后，中国的要素禀赋也发生了变化，与发达国家更加接近了。根据经典贸易理论，基于要素禀赋差异的比较优势有所下降，产业间贸易模式遇到的阻碍越来越多，基于分工和规模经济的产业内贸易越来越重要。继续通过扭曲性政策而维持产业间贸易优势将导致越来越多的摩擦，也产生越来越多的成本。

二　中国经济发展动力的变化

经济发展的普遍规律表明，人均 GDP 达到大约 1 万美元以后，经济将面临发展动力的重要转换，其中最重要的转换有三个：一是从投资驱动向创新驱动的转换；二是从制造业向服务业的转换；三是从外需向内需的转换。这些转换要求建设更高水平开放型经济新体制。当经济发展水平较低时，只要引进外资和促进出口可以快速促进经济增长。但是，随着经济增长动力的变化，过去大规模引进外资与简单鼓励出口模式的边际作用大幅下降，难度也越来越大。随着技术距离的不断缩小，中国技术引进的难度和空间显著下降。过去几乎只要引进外资就能促进经济增长，如今只有引进一些高技术高质量的外资才能促进经济增长。引进高技术外资的难度显著远大于引进普通外资。随着从制造业向服业的转型，制造业投资需求增速也显著下降，服务业投资需求大幅增加，而大量重要的服务业部门涉及更复杂的问题与更多的制度摩擦，如信息技术、教育、医疗、文化传媒、科学研究等。

三　国际经济和政治格局的变化

21世纪以来，尤其是2008年国际金融危机以来，国际经济格局逐渐发生了一些非常重要的变化，这些变化冲击着过去的全球经济体系。第一，全球价值链兴起与新技术的发展对传统贸易投资政策的理念与内容提出了新的挑战。全球价值链背景下，工序切片化和任务分割已成为新型国际生产体系的显著特征。同时，新型制造将更加突出智能化、个性化、定制化的特征。基于信息技术支撑，跨境电子商务、数字贸易、"互联网+"等新型商业模式不断涌现。服务在经济中的作用日渐提高，制造与服务环节正日益融合，制造业"服务化"倾向十分明显。全球价值链的兴起与新技术的迅猛发展均对传统的国际贸易投资体系带来了挑战，要求开放政策从以市场准入为核心的第一代开放政策转向以规制融合为核心的第二代开放政策。

新兴市场国家的崛起推动产业链价值链重塑。随着中国人均收入的提升，劳动力成本快速上升，加上人口老龄化的影响，劳动密集型出口的竞争力边际减弱。与此同时，越南、印度、印度尼西亚、尼日利亚、孟加拉国等新兴市场国家发展迅速，这些国家劳动力资源也比较丰富，在国际贸易与投资中的参与度不断上升。叠加百年未有之大变局，美国有意遏制中国。在此背景下，全球产业链价值链悄然重塑。中国一方面在产业链迈向中高端过程中面临技术封锁、贸易战等打压；另一方面在产业链中低端面临越来越激烈的竞争。这些变化迫切要求构建更高水平开放型经济新体制。

国际政治格局的变化突出表现在，美国在霸权主义思维下对中国的遏制与封锁，世界面临百年未有之大变局。在此大背景下，全球地缘政治风险加大。国际政治格局的深刻变化促使各国在效率与安全的权衡中对安全赋予了更高的权重。这对现有开放型经济体制产生了两方面的重大影响。一方面，中国获取先进技术的难度大幅增加；另一方面，对开放型体制的安全性的要求大幅增加。为应对这一挑战，中国需要构建新发展格局，在深化国际循环的同时，还需高度重视通过改革扩大国内循环。

第二节 国家建设更高水平开放型经济新体制的逻辑内涵

更高水平开放型经济新体制的逻辑内涵重点要回答的问题是，新体制新在何处？更高水平又体现在何处？更高水平开放型经济新体制的"新"和"高"体现在三个方面[1]。

一 有新的更高水平的开放内容

更高水平开放型经济新体制的"新"和"高"首先体现在开放内容上。中国现有开放型体制已经实现了相当程度的开放，但仍可在既有开放基础上，从领域、地域和层次三个维度进一步扩大与深化开放。

（一）在开放领域方面

首先，重点推动服务贸易的进一步高水平开放。中国在货物贸易方面已经高度开放，但服务业领域的贸易开放程度与开放水平还显著不足。当前，全球服务贸易快速增长，促进服务贸易不仅是构建更高水平开放型经济新体制的要求，也是抢抓世界贸易发展趋势带来的机遇的重要举措。当前，中国服务贸易逆差规模仍然较大，知识密集型、资本密

---

[1] 全毅：《中国高水平开放型经济新体制框架与构建路径》，《世界经济研究》2022年第10期。

集型、资源密集型服务贸易能力仍然偏弱，生产性服务业、教育等行业投资限制较多，准入门槛较高。因此，推动更大范围、更高水平的服务贸易开放是构建更高水平开放型经济新体制的重要内涵。

其次，进一步扩大服务领域投资开放。中国已经在服务业领域对外投资开放方面做了很多探索，也迈出了很大的步伐。2015年5月，北京成为全国首个国家服务业扩大开放综合试点；2021年4月，天津、上海、海南、重庆4省市被纳入试点；2023年，国家再次将沈阳、南京、杭州、武汉、广州、成都纳入试点城市。这些试点为服务业领域开放积累了宝贵的经验。但是，服务业开放面临的问题显著高于制造业，需要解决很多问题，服务业投资开放是建设更高水平开放型经济新体制的重要难点之一。

再次，继续降低贸易投资壁垒，进一步放宽市场准入。中欧全面投资协定作为进一步扩大投资领域开放的典型范本，迈出了相当重要的步伐。虽然其进程受阻颇为遗憾，但彰显了中国对外开放的诚意与决心，为中国进一步深化开放探索了道路，同时也表明，中国的进一步开放符合中国与世界的利益。

最后，有序推动金融开放。中国金融体系的发达程度、开放度与国际影响力与中国实体经济的国际地位显著不相称，这逐渐成为中国在国际金融领域诸多问题的重要因素，如人民币国际化程度进展缓慢、巨额外汇储备风险不易化解、国际金融领域摩擦频现等。世界金融一体化趋势日益显著，金融开放是建设金融强国的必由之路，因而是建设更高水平开放型经济新体制的题中之义。

值得一提的是，除以上开放内容之外，新时代的开放还有很多其他维度也十分重要，例如人员流动的全面开放、信息的开放、文化的开放，等等。在中国的开放实践中，经济上的开放往往与其他方面的开放相互作用。

(二) 在开放地域方面，从沿海沿江开放向全面开放推进

中国对外开放主要集中在沿海沿江开放，对外开放的各种新的政策试点也主要是沿海沿江地区，中西部内陆地区的开放程度和水平还有较大的提升空间。中国幅员辽阔，区域差异巨大，不同地区甚至可以说处于不同的发展阶段。中西部内陆地区的开放具有重要意义。一方面，由于中西部内陆地区过去在对外开放过程中较为滞后，因而内陆地区还有非常大的开放空间；另一方面，信息技术的发展与交通基础设施的大幅改善在一定程度上减弱了内陆地区在对外开放中的相对劣势。因此，在继续扩大东部沿海开放的同时，推动内陆地区加快开放也是建设更高水平开放型经济新体制的重要内涵。

(三) 在开放层次方面，从边境开放政策向边境内开放延伸

过去的开放政策集中在边界开放政策方面，例如降低关税贸易壁垒、放宽准入等。实际上，开放也有很多不同的层次。全球价值链的兴起、新技术的迅猛发展以及中国对外开放的不断深化对开放层次提出了更高的要求。以关税、配额、许可证等为特征的市场准入已不再是国际经贸规则谈判的主题，以贸易便利化、投资、知识产权、政府采购、竞争政策、电子商务、环境等新议题为核心内容的规制一体化成为进一步开放的焦点问题。可见，新的开放体制不再是简单的"放开"，更重要的是放开之后的规制融合，这是更高水平开放型经济新体制的重要内涵。

二 有新的更高水平的开放目标

更高水平开放型经济新体制的"新"和"高"也体现在开放目标上。过去开放型经济体制的主要目标以促进出口和引进外资为主。过去中国经济的增长动力决定了促进出口与引进外资是促进中国经济发展的核心内容。但随着中国增长阶段与增长动力的变化，开放型经济体制所

要达到的目标重点也需要相应调整。

(一) 从产业间贸易为主向产业内贸易为主转型,从中低端为主向中高端为主转型

在新的发展阶段,以要素禀赋差异为基础的贸易促进经济增长的动力大幅减弱,不再是只要多出口就能促进经济增长,出口结构将越来越重要。随着中国产业结构升级,劳动生产率不断提升,国际贸易进一步促进增长的原理变成价值链分工带来的规模经济。例如汽车、手机、芯片等产品,往往在不同国家地区生产不同的环节,而且生产环节的划分非常细密,然后进行产业内贸易。这样,每个地区专注于生产一个环节,即使要素禀赋类似,也因为分工专业化与规模经济而产生优势,然后通过贸易实现整体效率的提升。因此,中国新的开放体制应遵循这种经济规律,从"大而全"但各领域多处于中低端的格局,转向深度参与国际分工、走向中高端的格局。

(二) 从制造业主导向全面参与转型

中国的贸易、投资等对外开放更多以制造业为主,随着中国进入工业化后期,服务业在经济中的作用越来越突出。根据全球价值链理论,微笑曲线较高的两端都是服务贸易的范畴,前段的研发设计,后端的营销售后,创造了很大的附加值,而且中间的运输、信息的传输等流程也都属于服务贸易。目前,中国服务业发展明显较为滞后,尤其是教育、医疗、科技、文化、金融服务等人力资本密集型服务业。服务业的发展不仅受国内制度与政策的主导,也与对外开放密切相关。例如医疗行业的对外开放对于提升中国医疗领域技术进步、医疗服务水平的提升显然具有重要意义。因此,更高水平的开放型经济新体制需要从制造业主导向制造业、服务业全面参与转型。

(三) 从引进来为主向引进来与走出去并重转型

过去的对外开放更多强调引进来,这是因为中国资本相对稀缺,技

术相对落后，引进外资能快速促进中国经济增长。进入新发展阶段，中国资本已经较为丰裕，技术也取得了巨大进步。从经济开放促进经济增长的原理来看，不仅引进外资能促进经济增长，走出去寻找国际投资机会，参与国际竞争也能促进经济增长。"一带一路"就是最具代表性的尝试。经过数十年的全球化，扣除风险、文化差异、市场壁垒等因素后，各国回报率之间的差距已经大幅降低。因此，无论是引进来，还是走出去，都应坚持市场化导向。

三 有新的更高水平的开放特征

除了开放内容与目标之外，开放型经济体制也将呈现出新的更高水平的特征。具体来说，主要有以下三个方面的特征。

（一）高标准、高水平

更高水平开放型经济体制首先要求高标准、高水平。国际贸易方面，当前，国际经贸规则正在发生深刻复杂变化，呈现出自由化和便利化要求更高、负面清单日益成为重要的开放方式、从边境措施向边境后措施扩展等新的发展趋势。其中《全面与进步跨太平洋伙伴关系协定》（CPTPP）、《数字经济伙伴关系协定》（DEPA）等协定便是高标准国际经贸规则。中国现行经贸规则体系与国际高标准规则体系尚有差距。实际上，在参与《区域全面经济伙伴关系协定》（RCEP）的基础上，中国已经在积极加入CPTPP、DEPA等高标准高水平经贸协定体系。

（二）规则型、制度型开放

改革开放以来，中国的对外开放一直在贸易、投资、金融等经济活动开放的同时，不断建设完善相应的政策与制度。但是，总体来看，过去中国的开放型经济体制重在各种经济活动的开放，相关制度建设也侧重政策层面，差别性与特殊性政策较多，制度层面还较为薄弱。当前，随着中国对外开放不断向纵深推进，在全球价值体系中的参与深度大幅提升，与开放相关的制度变得非常重要。同时，国家间规则、制度差异日益成为阻碍进一步开放的重要因素。因此，新的更高水平开放型经济新体制不仅包括贸易、投资、金融等各种经济活动在更大空间、更深层次上开放，还应该包括开放过程中所遵循的规则与制度体系的完善。目前，中国在规则、规制、管理、标准及打造国际化营商环境等方面仍有较大完善空间。

（三）开放、发展与安全的统一

中国正面临百年未有之大变局，全球地缘政治面临重塑，安全问题变得越来越重要。同时，虽然中国经济增长已经取得了巨大的飞跃，但仍处在发展的关键时期，发展仍然是解决一切问题的关键。因此，我们所要建设的更高水平开放型经济新体制的重要特征是开放、发展与安全的统一。其中的关键矛盾是统筹开放与安全，统筹开放与安全的关键是构建双循环发展格局。一方面，通过改善营商环境充分发挥大市场优势的吸引力，通过推动创新提升产业链国际竞争力来深度融入国际循环，在开放发展的同时大幅提升脱钩与外部制裁成本；另一方面，通过促进国内要素流动巩固比较优势，防止产业链外移，通过推动国内改革来扩大经济内生增长动力与内需支撑增长的能力。

综上所述，中国要建设的更高水平开放型经济新体制是在过去开放型经济体制的基础上，解决其所遇到的问题，构建具有新的更高水平的开放内容、开放目标与开放特征的全新开放型经济体制，并推动建设开放型世界经济。

第三节 国家建设更高水平开放型经济新体制的战略部署

实现更高水平开放型经济新体制，关键是要推动构建并实施开放型经济新体制的制度与规则体系，这样各种经济活动的开放才能顺利运行。构建并实施完善的制度规则体系是建设更高水平开放型经济新体制的首要与核心内容，这不仅自然包含了新的更高的开放内容与开放目标，而且本身就是规则型、制度型开放的体现和要求[①]。具体来说，开放型经济新体制的制度规则体系应包含以下层面：首先，在制度设计层面，需要明确贸易、投资、金融具体的经济活动开放过程中的制度规则；其次，在具体实施层面，不同区域的开放层次不同，开放的过程也不是一步到位，因而需要明确制度规则在区域与时间上的实施路径。最后，还需要构建开放型新经济体系相应的政策保障体制。

一 构建贸易、投资、金融开放新体制的制度规则体系

（一）对外贸易新体制

对接国际高标准经贸规则，继续深入推动区域贸易一体化。全球化的深入发展需要更高水平的分工、合作与协调，因而需要更高标准的经贸规则。但是这些更高标准的经贸规则短期难以在多边框架下达成，区域贸易一体化成为重要的实现方式。构建对外贸易新体制的重要举措之一便是积极对接国际高标准经贸规则，进一步深入参与全球化。应该认识到，高标准国际贸易规则首先是国际分化深化的必然要求，是符合世界经济发展规律的，从根本上也是符合中国发展利益的。某些国家借机针对中国，这虽然是现实存在的重要问题，但并不改变高标准国际经贸规则的性质。而且，即便中国不参与这些规则体系，这些规则体系也会建立并发展，中国反而会受损更大。

构建服务贸易开放新体制。实现服务贸易自由化与便利化，推动金融服务、电信服务与专业服务的开放，促进资本、技术、生产、信息（数据）等生产要素的快速跨境自由流动。以正在制定的自贸试验区跨

[①] 裴长洪：《中国特色开放型经济理论研究纲要》，《经济研究》2016年第4期。

境服务贸易负面清单为抓手,扩大跨境服务贸易的开放力度,大幅削减服务贸易当地存在要求,提升跨境服务贸易监管能力。结合 CPTPP 谈判的需要,探索将跨境服务贸易负面清单与外商投资负面清单合并的可能性。对标《中欧投资协定》(草案)的服务补贴透明度要求,建立服务补贴信息披露机制。对标《全面与进步跨太平洋伙伴关系协定》(Comprehensive and Progressive Agreement for Trans – Pacific Partnership, CPTPP)规则,提高商务人员临时入境的便利程度。跟踪世界贸易组织服务贸易国内规制诸边谈判进展,在透明度、可预见性和便利化等方面先行先试。同时,创新服务贸易发展机制,发展数字贸易,加快建设贸易强国。

推动贸易转型升级,形成以规模经济为基础的产业内高附加值贸易新格局。研究表明,目前中国在全球产业链价值链中的参与程度非常高,但在全球价值链中的地位偏低。这说明,中国贸易附加值还有较大提升空间。中国人均收入已经基本达到高收入国家门槛,要想进一步提升人均收入,必须提高劳动生产率。反映在贸易中,这就要求提升贸易附加值,从要素禀赋差异为基础的贸易模式转向与以专业化分工与规模经济为基础的贸易模式。发达国家之间普遍以专业化分工与规模经济为基础的产业内贸易模式为主导,也是发展阶段相近的国家间贸易促进经济增长的关键原理。

(二)外商投资新体制

完善负面清单管理模式,进一步放宽市场准入,尤其是服务业准入。可对标国际高标准经贸规则,进一步扩大外商投资领域的开放,尤其是服务业开放。实际上,《中欧投资协定》在这方面已经取得了很大进步。这一协定的签署表明,中国在投资开放方面的空间较大,而且各国的合作意愿也较为强烈。这一协定的冻结说明,中国进一步对外开放存在不可回避的现实障碍,需要正视和解决。依法保护外商投资权益,营造市场化、法治化、国际化一流营商环境。与改革开放初期不同，目前来到中国的外商投资，更多是技术较高的资本，同时中国市场的竞争也已经比较充分，外商对营商环境的要求更高。中国应营造良好的营商环境，并坚持竞争中性原则，建立科学合理的制度规则，让内外资在制度规则下公平竞争。改革开放以来的实践表明，中国企业完全有能力参与国际竞争。好的营商环境才能对高质量高水平的外资产生巨大吸引力，在吸引外资上有更大的话语权。

（三）对外投资新体制

一方面，应积极为中国企业走出去扫除基础制度层面的障碍。当前国际格局正在发生重大变化，地缘政治风险增加。一方面要建立完善境外投资管理服务体系。中国目前在该方面还有较大的改善空间，例如多部门管理导致的审核效率较慢问题，金融财税和信息化等支持性政策和公共服务体系不够完善问题，对外投资的风险防控与保险体系较为滞后，企业对外投资所需的法律、跨文化交流等人才支持服务不足，事前审核严格而后续监管相对薄弱等问题。另一方面，要加强企业"走出去"融资机制建设。中国目前对外投资仍以国企为主，推动民企自主走出去是中国对外投资大发展的关键所在。然而，民企往往资金实力不够雄厚，而对外投资的各类风险明显高于国内。因此，急需加强企业对外投资的融资机制假设，构建适应企业对外投资实际情况的融资保障机制。

（四）金融开放新体制

第一，推动国内金融市场化改革，着力提升金融机构的国际竞争力与金融市场的抗风险能力。中国金融体系的市场化程度还不够高，银行、证券、信托、保险等金融机构市场化定价实践与国际机构相比仍然不足。债券市场的广度和深度与中国经济体量不相称。资本市场管制较多，稳定性与韧性也明显不足。金融市场要在更加自由的环境下运行以提升抗风险能力。第二，继续推动汇率双向浮动改革。近些年汇改后的实践表明，只要中国经济健康运行，汇率波动的风险是完全可控的，不必过度担心汇率的较大波动。汇率合理浮动还能提升对外开放的韧性。第三，审慎推进资本账户开放。人民币要真正国际化，仅靠贸易量的增加是远远不够的，更需要依靠发达的金融体系与资本账户的开放。资本账户开放是构建金融开放新体制的关键内容。

二 开放新体制在空间与时间方面的实施路径

巩固发展东部沿海开放优势。不可否认，东南沿海在开放方面具有先天的和历史的独特优势，在新时代条件下仍要进一步巩固发展。厦门作为中国对外开放的先行城市，在建设更高水平对外开放新体制与构建双循环格局中也应先行先试，积极发挥示范效应与带动效应。例如，充分发挥商贸物流、金融服务、软件信息、文旅创意等优势服务业基础，率先试点服务业进一步市场化改革，依托自贸区建设，扩大对外开放；充分发挥厦门物流枢纽地位，从制度与基础设施等方面大幅降低物流与要素流动成本，推动区域一体化与畅通循环。

加快内陆地区开放步伐，同时以扩大内循环促进开放。一方面，以中西部内陆地区自由贸易区的建设为重点和契机，促进内陆地区贸易投资对外开放，推动形成具有地区优势和特色的产业集群，产生切实的经济效益，并在此基础上尽快探索更高水平开放；另一方面，畅通国内循环，促进内陆地区与东南沿海地区的协同，通过产业承接、产业集群、人口流动等方式，充分利用东南沿海的开放优势和开放通道，以更加深入畅通的国内循环促进高水平开放。

着力打造高水平开放高地，产生示范引领效应。目前，上海、海南、粤港澳大湾区、厦门在开放水平方面具有领先潜力和优势，可以各有侧重地打造成高水平开放的示范，带动引领其他地区的高水平对外开放。上海可建设高层次综合开放的示范。海南可对标全球最高开放水平形态，建成高度自由、高度开放、高度便利、高度法治的自贸港。粤港澳大湾区可借助其发达的产业基础，打造以科技创新要素集聚为重点的开放高地。厦门可以将服务贸易与服务业投资作为重点，找到服务业制度型开放的突破口，打造全国服务对外开放示范高地与人力资本密集型服务业集聚中心。

第二章

厦门构建更高水平开放型经济新体制面临的挑战、劣势和定位

第一节 厦门建设更高水平开放型经济新体制的挑战与劣势

厦门有悠久的对外开放历史和深厚的对外开放传统,改革开放以来,厦门始终处在国家对外开放战略布局的重要位置,不仅承担了最早的经济特区建设任务,也在当前国家推动更高水平对外开放的背景下,积极擘画新发展格局节点城市的蓝图。厦门构建更高水平开放型经济新体制,具有对台区位优势、"海丝"核心区优势、综合交通枢纽优势、高质量发展优势和改革开放先发等优势,但一方面,当今世界政治经济格局正在发生深刻改变,国内外发展条件也因此出现了重大变化,这对厦门对外经济发展带来了新的挑战;另一方面,厦门自身存在的一些发展短板也弱化了厦门对于外部经济风险的抵御能力。

一 国外发展条件重大变化对厦门对外经济发展的挑战

(一)贸易保护主义与逆全球化潮流影响厦门贸易发展和产业升级

2018年美国发起对华贸易战以来,贸易保护主义显著抬头。美国以贸易失衡为借口,对中国出口大幅增加关税。同时,美国对华实施科

技封锁、投资限制，禁止越来越多的关键技术向中国出口，同时对中国企业在美国的投资进行各种审查，拜登政府还在考虑一项新计划，可能禁止美国在中国某些领域的投资。此外，美国还向其他国家施压，排斥中国产品，其中以干涉欧洲国家使用华为产品最为典型。美国打压中国的战略手段是对中国实施所谓"规锁政策"。"规锁政策"的核心是要规范中国行为，锁定中国经济增长空间和水平，从而把中国的发展方向和增长极限控制在无力威胁或挑战美国世界主导权的范围以内。电子信息、机械设备、新材料等高科技产业作为厦门的支柱产业，将不可避免地受到冲击，给相关产业贸易的健康发展带来了挑战。例如，芯片是美国对华技术封锁的重要内容，厦门在集成电路、芯片方面具有一定的产业基础，并规划在该领域取得较大发展，这些封锁打压政策将对厦门的科技创新与产业升级带来不利影响。

（二）地缘政治冲突冲击海峡两岸的和平发展环境与国际开放合作

在美国将中国视为战略竞争对手的背景下，台海地缘政治风险急剧上升。佩洛西窜访台湾、频繁的对台军售、大肆炒作台湾问题等事件大幅增加了台海紧张局势。同时，美国还阻碍海峡两岸经济合作，限制台湾为大陆提供芯片，阻碍台湾与大陆在芯片领域的合作。中美战略博弈、岛内政局变化等导致岛内政党政治失衡，未来两岸关系与两岸融合发展将会面临诸多新的风险和挑战。厦门紧邻台湾，地处台海前线，企业在厦门投资将不可避免地考虑地缘政治风险，这会给厦门产业的稳定积累与发展带来不利冲击。此外，乌克兰危机作为当前正在发生的地缘冲突，充分体现了美国为拓展其霸权、不惜扰乱和平。可以推测，未来一段时间全球地缘政治将更加紧张，这会迫使各国贸易投资中更加考虑安全因素，牺牲效率，显著不利于国际开放合作，对厦门引进外资与企业走出去都将产生较大挑战。

（三）后疫情时代全球经济增长放缓对内外需形成负面冲击

新冠疫情影响具有持续性与疤痕效应，全球经济增长显著放缓，经济下行风险加剧，世界外需下滑压力加大，同时国内总需求也明显不足，内需与外需的增长均有所下降。2022年下半年以来，外需明显放缓，中国出口增速大幅下降。2023年1—2月，厦门进口806.7亿元人民币，增长27.8%，出口675.6亿元人民币，下降6.9%。外需的下降将导致国内外的竞争都更加激烈，过去的开放型经济体制将受到冲击。例如近年来，福建省内城市之间争夺贸易投资的竞争十分激烈，仅靠提供各种优惠政策与基本服务已经难以实现突破，反而可能导致城市之间相互争夺存量资源，同质化过度竞争，不利于整体经济增长。建设更高水平的开放型经济新体制，从制度创新与科技创新上寻找突破是未来的必由之路。

（四）全球金融风险上升制约金融业开放

2008年国际金融危机以来，美欧日等发达国家采取了极度宽松的货币政策，流动性向全球泛滥。美国在2008—2015年，2020—2021年将联邦基金利率降至0，并实施了多轮大规模量化宽松政策，美联储资产负债表从8000多亿美元急剧上升到8万亿美元以上。欧元区和日本也长时间实行零利率甚至负利率政策，并多次实施大规模量化宽松。在低利率环境下，多方面金融风险不断积累。2023年3月8日以来，美国银行、硅谷银行、签名银行相继倒闭，百年投行瑞士信贷也暴雷破产，凸显了美国及全球金融的脆弱性。中国也存在国有企业、房地产与地方政府债务问题。金融业开放作为建设高水平开放型经济新体制的重要内容，其关键考量因素之一便是金融风险。随着全球金融风险的上升，金融业开放可能将更加审慎。

二　厦门构建高水平开放型经济体制面临的劣势

（一）经济总量规模小，发展能级不高

进出口贸易规模首先依托于地区经济总量，但是与东部沿海地区的其他城市相比，厦门经济总量偏小，制约了其对外贸易的发展。受人口规模、城市面积和经济腹地等方面不足的影响，厦门的地区生产总值在15个副省级城市和5个计划单列市中长期位于靠后位置，甚至在全国城市地区生产总值的排名中也不突出，也低于泉州的地区生产总值的规模。2022年，厦门市的地区生产总值为7803亿元，而泉州市的地区生产总值达到12103亿元。

（二）产业升级速度较慢，新的出口增长动能不足

出口贸易发展与地区的产业结构优势和产业竞争力密切相关。但是与深圳等先进城市比较来看，厦门市产业结构升级的步伐较为缓慢，先进制造业、高新技术产业的竞争力不够突出，自主技术和知名品牌数量较少，致使新的出口增长动能不足。一是厦门先进制造业特色不够突出，产业结构较为单一，缺乏大型龙头企业；高新技术产业的研发投入及创新能力存在短板，缺乏自主技术和知名品牌，核心竞争力不强；高端现代服务产业特别是生产性服务业规模偏小，传统服务业增长乏力。二是一段时间以来厦门投资和产业结构不合理，影响较为长远。特别是厦门对房地产依赖度较高，房地产投资占固定资产投资比重过高，制造业投资占比偏低，房价收入比在全国城市中处于较高位置，这些都影响厦门经济的长期发展。三是新兴产业规模和体量较小，缺乏像阿里巴巴、腾讯、华为这样的科技龙头企业，也缺乏具有较强增长潜力的独角兽企业、隐形冠军企业和瞪羚企业。这导致厦门对高素质人才的吸纳能力不强，产业发展缺乏高端人才，影响经济发展的活力。这几个方面都导致厦门产业结构升级缓慢，制约了经济增速的提高和相应的进出口贸易的增长。因此，近年来厦门的国际贸易呈现出在加工贸易比重和劳动密集型产品出口比重下降的同时，一般贸易比重和高新技术产品出口比重并未明显提升，使得出口增长乏力。

（三）经济腹地不够广阔，区域港口群同质化竞争激烈

一方面，相对北京、上海、广州等城市，厦门市的面积明显较小；

另一方面，厦门的经济腹地空间也不够广阔。厦门的直接经济腹地是漳州、泉州、三明等城市，其中三明处于武夷山区。相对珠三角和长三角而言，厦门的直接经济腹地在地域面积、人口规模、经济总量、一体化程度和发展潜力等方面都存在不足。此外，厦门的间接腹地亦较为缺乏，更广袤的中西部内陆地区如江西、湖南等省份与厦门的经济联系较低。一是由于山川地形阻隔导致交通不便，运输成本高，运输时间长；二是部分经济腹地如赣州等江西南部地区虽然距离较近，但经济发展程度不高，进出口贸易需求少；三是这些间接腹地还面临深圳、广州、上海等东部城市的激烈竞争。① 此外，在福建省内，厦门与泉州港腹地高度重叠，区域各港口之间的货源同质化竞争激烈。

（四）交通运输网络和港口服务存在短板

厦门在航空运输、铁路运输、港口服务等方面也存在一定程度的短板，制约异地货源增长和保税贸易发展。一是机场跑道容量趋于饱和、周边机场赶超态势明显。目前，厦门国际航点特别是洲际航线占比偏低，与北京、上海和广州相比差距明显，受周边机场崛起影响，航线流失严重，近10年全货机航线由42班/周缩减至11班/周，综合客运量排名由第14名降至第22名，空港竞争力下降。二是厦门与成渝、长沙等中部城市群之间缺乏高标准直达铁路运输通道，与长三角等城市群的铁路运输时间也较长，对闽西南等经济腹地的带动较弱。三是海铁联运规模及占比偏低，与青岛港、宁波舟山港、上海港、深圳港等国内主要港口相比，在海铁联运吞吐量绝对值、总量占比方面均处于劣势。四是国际集装箱中转率偏低，对国际航运吸引力弱于邻近的高雄港，目前国际集装箱中转率仅为10%左右，与新加坡、中国香港、釜山港等国际中转业务比例超过50%相比存在较大差距。五是部分港区大型深水泊位不

---

① 例如，从江西赣州去往深圳和厦门的高速公路通勤距离、时间基本一样，但赣州到深圳有高铁，客流从赣州到深圳比到厦门还方便。

足,且装卸效率偏低。一些港区仅能满足近海与沿海的航运需求,对吃水能力达到 16cm 以上、承载量高于 7000 个 TEU 舱位的超大型船舶,难以满足其停靠需求;且配套设施相对滞后,无法有效匹配大型集装箱船舶的实际装卸需求,一定程度上致使厦门港码头泊位的整体利用率较低。

(五)跨境电商等贸易新形态发育滞后

厦门的国际贸易发展有悠久的历史传统和积淀,但近年来在跨境电商、数字贸易等新兴贸易形态上发展滞后,规模小且无法对出口贸易形成明显带动作用。2020 年,厦门跨境电商进出口 23.2 亿元,增长 4.5 倍,占全市出口比重 0.6%,仅拉动全市出口增长 0.5 个百分点;而同期全国跨境电商出口 1.1 万亿元,增长 40.1%,占全国出口比重 6.2%,拉动全国出口增长近 2 个百分点。背后的原因,一方面这与厦门自身的电子商务、数字经济等产业形态发育不足,缺乏相关领域的龙头企业有关;另一方面,这也与厦门的海运和空运物流时效不够高、相关政策支持不足、配套支持政策不够完善有关。

总之,近年来,国际与国内的经济政治环境发生了巨大变化,这些变化对厦门的开放型经济发展带来了较大挑战,过去的开放型经济体制面临越来越多的问题,需要推动建设更高水平的开放型经济新体制,找到厦门对外开放新的突破与发展动力。

第二节 厦门在国家建设更高水平开放型经济新体制中的定位

一方面,厦门经济特别是对外经济发展受到复杂多变的国际政治经济形势,特别内外需下滑压力的冲击;另一方面,厦门自身的经济结构、产业结构存在的问题和不足弱化了厦门对于外部经济风险的抵御能力。在这样的发展阶段、发展环境和发展条件下，厦门的对外经济发展面临大而不强、后续乏力的困境，过去长期发展中形成的"大进大出"型外向型经济发展模式难以为继。

当然，说厦门过去形成的外向型经济发展模式难以为继，不是说厦门经济发展模式要180度大转弯，从过去的外向型经济向内向型经济转变。一方面，开放型经济是厦门的鲜明底色和核心比较优势，这是由厦门的历史、文化、区位、交通等众多现实条件所决定。这决定了厦门要谋求经济高质量发展，就必须扬长避短，发挥比较优势，坚持走开放发展的道路。另一方面，危和机总是同生并存的，既要看到目前世界政治经济局势不太平，又要看到，中美经贸摩擦等干扰因素并未从根本上影响中国的经济发展，并且一些新的战略机遇还在悄然形成。一是数字化技术不断突破带来的技术革命机遇。新一代信息技术、互联网、人工智能等技术不断创新并广泛应用，引领产业数字化变革，为厦门产业升级与融合发展提供新机遇。二是《区域全面经济伙伴关系协定》（RCEP）签署，"一带一路"倡议的深入推进、自由贸易试验区建设等更高水平的开放举措，为厦门贸易、投资、服务业发展带来机遇。三是中国构建双循环发展格局，建设国内大市场，促进国内外经济循环，为厦门发挥枢纽优势提供了机遇。四是乌克兰危机和欧洲能源危机催生欧美成本推动型通胀，反而加强了中国相对欧美的生产成本优势，为促进中国相关产品出口和产业发展提供战略机遇。

因此，厦门的对外经济发展需要的是转型升级而不是掉头转向。应更坚定地走开放发展之路，积极推进高水平对外开放，找到对外开放新的突破与发展动力，以更大范围、更宽领域、更深层次的对外开放应对各种风险挑战。构建更高水平开放型经济新体制是推进高水平对外开放的关键抓手，要推进厦门从外向型经济向开放型经济转变，巩固提升厦门的经济"双循环"优势，在完善开放型经济体系的同时，同步推进产业转移、方式转变和经济转型。结合厦门自身发展历史基础、条件和特征，这里提出厦门在推进高水平对外开放，建设更高水平开放型经济新体制中的战略定位。

要勇做更高水平对外开放体制的重要示范引领者。在整个改革开放中，厦门一直是先行先试者。中国改革开放是前无古人的伟大事业，面临着很多历史机遇，也面对着接连不断的风险挑战，每一步都没有现成的路径和经验，因而需要试验性实践。这既是中国改革开放不断取得成功的必由之路，也是重要法宝。当前建设更高水平开放型经济新体制，厦门应继续勇于先行先试，聚焦文旅创意、电子信息、金融服务、商贸物流等优势领域，大胆进行深度开放的制度创新，为全国的对外开放提供经验。在先行先试的基础上，不断总结经验教训，不断调整改革，找到适合中国国情的开放道路和开放模式，成为更高水平对外开放体制的示范引领者，为其他地区提供示范，引领其他地区的对外开放。

要打造新发展格局重要节点城市。习近平总书记致厦门经济特区建设40周年的贺信中强调，厦门应立足新发展阶段、贯彻新发展理念、服务和融入新发展格局，促进两岸融合发展。为此，厦门要打造新发展格局节点城市，着力推动国际国内两个循环在厦门连接打通，相互促进，将厦门"十四五"规划提出的"五中心一基地"建设与打造新发展格局节点城市结合起来。具体看，第一，在要素流动方面，厦门可重点打造国际航运与物流节点。厦门一直是国际与区域物流的重要枢纽，中欧班列和丝路海运在厦门无缝对接，应进一步深化枢纽作用，推动国内外人流、物流以及相关的生产性服务业在厦门汇聚，打造国家航运中心与物流枢纽。第二，在地域方面，厦门应聚焦定位，成为东南区域与海峡两岸的综合性节点城市。充分发挥厦门相对于区域内其他城市的科技、人才、文化旅游优势，锐意改革，优化环境与制度，成为高端人才、关键产业、企业总部等核心资源的区域中心，打造集聚能力与发散能力强的区域综合节点城市。第三，在产业方面，聚焦优势产业，打造区域产业集群节点城市。聚焦文旅创意、电子信息、商贸物流、金融服务、机械装备等产业，全力提升集聚效应与辐射效应，成为相关产业的重要节点。第四，发挥特色优势，打造两岸融合以及与新兴市场国家融合合作的节点城市。充分利用紧邻台湾的区位优势，打造两岸融合发展的主要节点。建设好金砖国家新工业革命伙伴关系创新基地，构建产生共赢实效的金砖国家合作平台，成为与新兴市场国家合作的重要节点城市。

第三章

厦门构建更高水平开放型经济新体制的指导思想和任务举措

第一节 指导思想

坚持以习近平新时代中国特色社会主义思想为指导，全面贯彻党的十九大、十九届历次全会和党的二十大精神，深入学习贯彻习近平总书记关于厦门发展的重要指示批示精神，落实党中央、国务院关于坚定不移扩大开放的决策部署，立足新发展阶段，贯彻新发展理念，服务和融入新发展格局，以推动高质量发展为主题，以深化供给侧结构性改革为主线，以改革创新为根本动力，抓住经济循环畅通无阻这个关键所在，把握扩大内需这个战略基点，贯彻实施《厦门"一二三"战略规划》，充分发挥港口、区位、交通、贸易、政策、市场、环境等优势，抢抓产业重组和产业升级战略机遇，进一步促进两岸融合发展，利用好金砖创新基地的平台，发扬特区精神，勇立潮头，勇毅前行，在更大范围、更宽领域、更深层次上推进对外开放，努力推动厦门经济特区成为全国建设更高水平开放型经济新体制的探索者和引领者。力争到"十四五"末，厦门市规则、管理、标准等制度型开放的特征更加鲜明，国内国际双循环关键节点的作用更加突出，国际一流的稳定公平透明的营商环境更加优越，外资外贸的发展动能更加强劲，对外开放的区域布局更加优化，参与国际竞争的现代化产业体系基础更加坚实，实现更高水平开放型经济新体制基本形成,实现开放型经济发展水平迈上新台阶的发展目标,为全面建设社会主义现代化国家,实现第二个百年奋斗目标做出新的更大的贡献。

第二节 任务举措

一 对外贸易方面,完善国际贸易"单一窗口"和贸易便利化制度体系,支持跨境电商、数字贸易等新贸易模式加快发展

第一,在货物贸易领域,进一步完善国际贸易"单一窗口"和贸易便利化制度体系。在国际贸易"单一窗口"方面,进一步完善部门间合作机制以及数据共享的制度体系建设,界定好各部门的权责关系,真正做到"单一"公共平台的贸易监管,强化对贸易信息的集约化、数字化和自动化处理。在贸易便利化方面,厦门可吸收借鉴国内其他口岸城市和发达国家在贸易便利化领域的经验和先进做法,进一步优化物流、港口和海关服务,完善贸易便利化制度体系,促进传统货物贸易高质量发展。

第二,优化跨境电商发展环境,建设有全球影响力的跨境电商服务体系。厦门要加快建设完善跨境电商公共服务平台,对接海关、税务、外管等各部门,支撑跨境电商业务开展及监管需求,为跨境电商企业提供关、税、汇全链条便利服务。以跨境电商综试区建设为抓手,加快建设厦门跨境电商产业园,培育和引进一批成长性好的跨境电商龙头企业、加快推进海外仓、集货仓、国际物流通道等跨境电商配套设施建设。促进厦门跨境电商和数字贸易企业与厦门制造业企业建立更加紧密的联系,从而对出口贸易起到更大带动作用。

第三,积极推动数字贸易创新发展,提高服务贸易出口增速。进一步完善《厦门市加快推进软件和新兴数字产业发展若干措施》,吸引更多国内外云计算、大数据、软件开发、人工智能等数字企业在厦门集聚，在用电、用能和相关人才引进方面给予更多支持。积极推进中国（厦门）智能视听产业基地建设，加快推动相关的数字贸易平台建设，促使厦门更多文娱产品通过数字贸易形式出口海外。鼓励扶持游戏企业产品出口，对游戏产品在境外平台上线的渠道费用和通路费用给予更多补贴。

第四，全面对接数字贸易国际规则，形成数字产品和数字贸易发展的新制度。一是加快学习和吸收数字贸易国际高标准规则。《数字经济伙伴关系协定》（DEPA）、《全面与进步跨太平洋伙伴关系协定》（CPTPP）、《美加墨协定》（USMCA）等贸易协定中的数字贸易规则代表了未来的发展方向，是未来中国数字贸易规则发展的方向。厦门应要求相关部门加快学习和吸收其中的先进规则，并结合厦门情况大胆试点和复制推行，尽快积累相关监管经验，为国家层面的数字贸易规则制度提供借鉴。二是提高数字贸易监管理念并先行先试。数字贸易发展理念和监管思路要有全局视野、树立整体思维，并综合施策。数字贸易对几乎所有行业都有重要影响，将使得贸易产品融数据、货物、服务三位于一体。因此，厦门数字贸易监管政策不能仅局限于数字贸易层面，而应对货物贸易、服务贸易及信息技术等诸领域进行同步改革，先行先试。同时，在制定数字贸易规则时应具有系统集成思维，跨越部门局部利益，推动数字贸易监管与部门产业政策协调。

第五，不断提高数字贸易治理能力，为全国探索可复制推广经验。数字贸易治理能力上不去，数字贸易发展就会滞后，进而限制对国际高标准数字贸易规则的适应能力。建议由厦门市商务部门牵头，建立单独的数字贸易监管机构，选拔一批高素质、适应国际规则的监管人员。数字贸易治理也要发挥平台企业的作用，鼓励平台企业"走出去"，适应国际高标准数字贸易规则。此外，数字贸易治理要突出普惠性，确保广大中小微企业和普通消费者能够享受到数字贸易的红利，提高数字贸易国际竞争力。

二 利用外资方面，全面对接中国外商直接投资新制度

第一，全面落实《外商投资法》及其配套法规和实施条例，清理与外商投资法及其实施条例不符的地方法规。引导厦门相关部门严格落实国家"两清单一目录"，积极跟进国家对外商投资新开放领域，创新利用外资新业态、新模式，引导外商投向厦门重点鼓励产业，提升产业竞争力。

第二，进一步优化外资企业投资环境。一是充分发挥外资企业投诉工作机制作用，加大外商投资合法权益保护力度。二是完善竞争中性政策的基础地位，促进内外资企业公平竞争。三是采取有效措施解决好国外人才的入境、生活和教育问题。对高层次国外人才，提供包括签证、暂住证、居住证、住房、医疗、子女教育、交通出行、金融服务等方面的"一站式"服务体系，提高国外人才在中国生活和工作的舒适感和获得感。四是加大知识产权保护力度，保障外资企业在高科技产品以及现代服务业产品方面的知识产权。

第三，充分利用国内经济大循环，鼓励外资出口型企业转内销。中国国内超大规模市场已经成为吸引外资的重要依托，因此要鼓励并支持外资企业开拓国内市场。支持外资企业出口产品转内销，加快转内销市场准入，简化出口转内销产品认证程序和企业办税程序，缩短办理时间，做好出口转内销的金融服务支持，必要时可考虑在一定时期内对出口转内销给予税收政策优惠。鼓励外资企业以自主培育、兼并收购等方式创建内销品牌和营销网络，开拓国内市场。

第四，打造高科技和数字经济领域吸收外资的竞争新优势。针对高科技外资企业可适度提供税收优惠、财政补贴、厂房或办公场所用地保障。加快厦门四大支柱产业集群、四个战略性新兴产业、六个未来产业的制度性对外开放步伐，充分释放这些领域吸收外商直接投资的潜力。针对新增用地的外资企业，要在全市范围内统筹安排专项用地指标，优

先解决优质外资企业用地需求。此外，制定鼓励跨国企业总部转型、产能合并、产业升级扶持政策。设立重点外资企业技术改造投资基金，鼓励其向科技创新和先进制造升级。

第五，加大金融政策支持外资的力度。进一步扩大资本项目可兑换程度，便利外资更加自由流动，降低外资企业融资成本。外资管理部门应充分发挥金融对稳外资的积极作用，及时调研企业金融需求，鼓励各地方与金融机构联合研究出台专项举措，提高外资企业融资可得性，以及融资难、融资贵问题。

三 对外投资方面，完善对外直接投资制度体系，鼓励和支持厦门企业投资建设境外产业园

第一，继续完善企业海外并购政策安排，针对制造业、高端服务业和资源能源类企业的海外并购，可向国家外管局争取政策，在审批和资金方面给予绿色通道。政府层面需要进一步思考如何拓展企业海外并购空间、减少并购阻力，特别是要构建民营企业海外并购的制度体系和审查体系，鼓励企业通过海外并购获取国外先进技术并反馈国内。

第二，在绿地投资方面，要引导企业针对不同国家制定不同的策略。在发达国家，企业要侧重于建立海外研发中心、高端生产性服务业、高端制造业，目的是充分利用发达国家的高端人力资本和技术人才，获得先进技术。在发展中国家和"一带一路"沿线国家，要建立相应的加工贸易基地，充分利用发展中国家的劳动力低成本优势，开发相关国家的市场，强化与中国的产业链供应链联系。

第三，引导厦门的大型企业和企业集团建设一批境外经贸合作区。目前，境外经贸合作区已经成为中国主动"走出去"开展对外投资合作的重要方式。厦门少部分企业已经有初步尝试，例如象屿集团已经在印度尼西亚建设矿产品加工基地，但总体来看厦门企业在境外经贸合作区建设方面还不足，制约了厦门企业高质量"走出去"。厦门可借鉴深圳、浙江、江苏等地区的经验，引导本市有条件的大型企业或者企业集团到RCEP国家，"一带一路"沿线国家建设若干境外产业园区，从而推动本地企业批量化抱团"走出去"，巩固厦门与相关国家的产业链供应链联系。

四 自贸试验区建设方面，推动厦门自贸片区高质量发展，争取扩容提质

第一，参照上海自贸试验区经验，拓展厦门自贸片区的空间范围与开放层次。目前，厦门自贸片区面积偏小，制约了其各项对外开放业务的发展。厦门可考虑以适当理由，如以两岸融合发展示范区建设等国家战略任务为由，向中央争取参照上海经验对厦门自贸片区扩容，将翔安新机场相关区域、若干科技园区、跨境电商综试区、知识产权园区等现代化服务业园区纳入自贸试验区范围，形成制造业与服务业联动发展格局，从而吸引国内外更多企业入驻厦门，推动厦门对外开放高质量发展。此外，也可在厦门自贸片区探索地方政府直接在境外资本市场发行离岸地方政府债券经验，募集国际低成本资金支持厦门自贸区建设，助力进一步提升厦门自贸片区知名度和影响力。加快开展国际中转、国际配送、国际采购和国际转口贸易业务，并积极探索厦门自贸片区向具有自由贸易港特征的自贸试验区转型。

第二，在金融服务业对外开放方面先行先试，争取建成区域性国际金融中心。一是加快发展代理清算群和跨境银行人民币同业账户融资试点，推动厦门与更多国家和地区的经贸往来中使用人民币。二是完善境外合格投资者境内投资企业（QFLP）制度安排，打通注册审批、结汇、账户托管、境内再投资、税收等绿色通道，促使厦门成为"一带一路"、RCEP、港澳台等地资本入境的重要渠道。三是强化出口信用保险作用，为区域内企业的贸易和投资活动提供更多信用保险服务和国别风险提醒服务。四是加快搭建环球供应链与离岸贸易金融服务平台，为更多贸易和航运企业提供更多服务。免征关税以及进口环节增值税，对自贸片区内的法人减免增值税。取消境外金融机构利息预提税，吸引跨国金融机构来厦门设立总部或者区域中心。

第三，探索建立国际数据中心，提供跨境数据总部服务。厦门拥有大量的外资企业，海外合作伙伴和海外分支机构有大量的数据需要出入境，在国际互联网通信和境外数据交换方面需求很高。一是试点开辟国际信息通道，申请将厦门设为区域性全业务国际通信业务出入口局，承担东南区域的国际互联网业务和数据交换业务。二是在厦门探索建立跨境数据流动机制，可考虑在厦门自贸片区按照"境内关外"的模式探索离岸数据中心建设运营试点，为中国"走出去"企业和港澳资企业提供国际数据存储和处理服务。三是创新国际数据治理政策机制。例如，可在厦门自贸区暂停《中华人民共和国电信条例》《国际通信出入口局管理办法》中关于开展国际通信业务必须通过国际通信业务出入口的限制性规定。再如，可探索创新跨境数据流动管理和安全评估机制。研究出台国际数据流入和流出的负面清单，建立数据备案与出境安全评估机制、数据安全抽查管理机制等。

五　国际规则方面，全面对接 RCEP 新规则，形成与 RCEP 国家贸易往来的新体制

第一，加快对标 RCEP 规则制度，为全省甚至全国提供范例。一是对标 RCEP 成员国自由港和自由贸易区的一流标准，在促进资金、技术、人员等要素的"要素型开放"的同时，加快规则、规制、管理和标准等的"制度型开放"。二是先试先行 RCEP 新规则新做法。充分发挥自贸试验区制度创新优势，先行先试 RCEP 过渡性条款，将投资便利化、服务贸易负面清单、数字贸易、跨境电子商务等协议内容在厦门自贸片区率先落实，为高效执行 RCEP 协定经贸规则提供可复制、可推广的样板经验。

第二，促进厦门企业"走出去"，加深与 RCEP 国家的产业链供应链联系。鼓励厦门有实力的企业在 RCEP 国家建设境外产业园区，促进更多企业"走出去"到园区设立加工制造企业，形成厦门与 RCEP 成员国更加紧密的产业和贸易联系，从而促进更多中间品的出口。加大对东盟、日韩等主要出口市场的开拓支持力度，对企业去 RCEP 国家参加展会、设立海外仓、成立营销网点给予重点支持和资金补贴，对海关通关、检验检疫等给予快速放行和费用支持。

第三，完善 RCEP 服务与交流平台建设。充实厦门外资外贸专班，在资金和人才方面给予支持，完善全市 RCEP 跨部门协调推进工作机制，出台未来几年更加全面的《厦门市全面对接 RCEP 行动方案》。由市商务局、市贸促会牵头，打造 RCEP 一站式服务平台，提供综合化服务。高水平举办与 RCEP 相关的经贸论坛、研讨会和展览会等，搭建 RCEP 成员国企业交流合作平台以交流经验。加强外贸企业针对 RCEP 国家的业务培训，帮助企业尤其是外向型中小微企业熟悉 RCEP 规则内容和成员国关税减让情况，熟练掌握原产地证书申领程序、证明材料等 RCEP 规则，提升利用协定的意识和主动性。

第四，织密与 RCEP 国家港口之间的航线，开拓 RCEP 电商市场。加快与 RCEP 国家协商谈判，开通更多跨境电商快捷专线，助力厦门积极开拓 RCEP 国家的电商市场。加强与主要市场在东南亚的电商平台合作，推动形成"商家直邮—国内仓发—海外仓发"的立体跨境物流网络，扩大在 RCEP 国家的电商市场规模。

六 海峡两岸经贸合作方面，加快推动两岸融合发展示范区建设

第一，确立两岸经济领域融合发展的多元化目标，探索厦台共同产业、共同市场的建设路径。厦门探索两岸经济领域融合发展的新思路，应摒弃厦台"两点一线"经贸、金融合作交流的单一目标导向，而是以厦门城市发展战略为引领，聚焦构建厦台共同产业、共同市场，优化

两岸资源要素配置等方向的改革创新。一方面，在"通、惠、情"等厦台融合主要途径上积极作为，巩固综合配套改革成果，利用好"一区三中心"等两岸经济交流合作重要平台，促进各项先行先试政策举措落地见效；另一方面，在构建新发展格局中容纳台胞台企的发展需求，助力台商台企融入厦门及区域高质量发展方面勇于作为，大力拓展厦台融合的维度和深度，创新融合发展模式。

第二，打造厦台产业融合、协同创新、区域共建的新态势。围绕厦门现代产业体系的强链补链延链目标，发挥厦台产业互补优势，推进电子信息、集成电路、机械装备、现代农业等重点产业对接；围绕厦门建设区域创新中心和金融中心的任务，加大引进台湾现代服务业，例如电子信息行业相关的生产性服务业和金融服务业，针对近几年来台湾企业南向转投的问题，利用越南等国家的基础设施瓶颈、原材料进口成本劣势和国内大市场优势，尽量留住优质台企和台资项目；围绕战略性新兴产业和未来产业布局，完善两岸联合产学研、新型研发机构和台湾专家专才引进等机制，开展集成电路、未来显示、动力电池等领域的关键共性技术攻关和旅游、建材、养老、冷链等领域的标准化合作；围绕闽西南协同发展区建设，支持台企参与区域产业布局和区域开发工程项目，鼓励台企投入5G通信设备、工业互联网、人工智能等新型基础设施建设。

第三，创新对台贸易模式，全面优化引资引技，拓展外经新途径。充分利用对台电子商务业务和涉台离岸贸易试点来扩大厦门对台贸易的全国性影响力，吸引全国各地对台电子商务企业落户厦门，同时扩大对台"源头管理、口岸验放"产品范围，提升对台贸易数字化水平。围绕厦门产业结构升级和新旧动能转换，加大厦台对接产业链的引资力度，鼓励传统优势产业台企增资扩产，围绕产业技术创新，坚持引资引技相结合，发挥台资技术溢出效应。携手台企"走出去"，鼓励台企参与对外投资项目，两地企业联合开展绿地投资、并购投资，邀请台企参加"一带一路"基础设施建设和境外经贸园区开发运营项目。

第四，依托两岸区域性金融中心，推动两岸合作金融要素集聚。以高质量金融服务供给，切实解决各类台企投融资难题，支持在厦优质台企利用资本市场做大做优，发挥两岸股权交易中心等新型投融资平台作用，助力中小微台企成长。深化对台金融合作，畅通资金双向流动渠道，扩大对台人民币业务规模，加强自贸片区对台人民币贷款业务，引进各产业链头部台企贸易资金结算中心在厦集聚，引进台湾优质金融机构，发展厦门财富金融服务业，培育闽南、东南亚地区特色的黄金金融，拓展保险市场。

第三节　支撑保障

一　推进区域协同发展，打造开放型经济的区域高地

第一，推进厦漳泉都市圈同城化发展，打造开放型经济的区域高地。积极推动厦漳泉都市圈上升为国家战略，争取国家层面的政策支持，推动厦漳泉一体化协同化的顶层设计规划和发展，加强厦漳泉城市间规划的有序衔接。充分发挥厦门、漳州、泉州各市的比较优势，实现优势互补和协同发展，从而加强闽西南城市群组团在全国以及国际市场中的竞争力，打造开放型经济的区域高地。推进交通网络一体化发展，打通跨区域"断头路""瓶颈路"，完善城市间地铁网络的衔接，缩短厦漳泉城市间通勤时间，加快厦门、漳州、泉州等地形成"半小时交通圈"，实现厦漳泉区域公交支付一卡通行，推动都市圈同城化发展。推进厦漳泉区域统一大市场建设，打破行政藩篱，畅通循环堵点，加强民生事业资源共建共享，整合空港、海港资源，完成厦门港与漳州港的资源整合，推进翔安新机场与泉州的协同，加快厦漳泉一体化人才要素共建共享互补流动。调整产业协同发展思路，围绕科技聚集、创新集聚展开产业布局；严格调控措施，矫正服务业房地产化带来的扭曲。

第二，贯彻落实"岛内大提升，岛外大发展"发展战略，优化拓展经济发展空间。牢牢把握习近平总书记提出的"提升本岛，跨岛发展"的战略内涵，贯彻落实"岛内大提升，岛外大发展"的决策部署。将"岛内大提升"作为开放型经济发展的重要抓手。实现岛内大提升的关键，一是要加快推进本岛旧城旧村改造，在城市有机更新中带动产业项目落地，着力提升产业能级，改善城市面貌；二是要优化东渡港区和高崎机场的空间布局，推进东渡港区功能向海沧、翔安港转移，高崎机场功能向翔安新机场转移，腾退土地资源，高水平规划落实腾退土地的用途，着力再造发展空间，以科创、金融、文旅、总部经济等为重点，加速岛内产业升级转型。将"岛外大发展"作为延展开放型经济空间的重要方向。要以岛内外一体化思路拓展新城新格局，加快基础设施、产业布局和公共服务跨岛覆盖和有序转移，推动产城人融合发展，加快推进城乡统筹和区域协同。以大产业集聚新城新动能，明确产业重点，聚焦产业前沿，引导数字经济、平台经济、智能经济等在岛外优先布局。加快海沧、翔安港区的建设提升工作，承接东渡港区的业务转移，进一步做大做强厦门港口，破解港城矛盾，探索新时代以港兴城、港城融合新道路。多措并举拓宽拓深港口陆地经济腹地，以厦漳泉都市圈为依托，以中西部货源为方向，拓展延揽货源纵深，做大做强外贸业务。稳步推进翔安新机场建设，完善以机场为核心的交通基础设施建设，发挥新机场向泉州的辐射作用，吸引晋江、石狮、南安等地毗邻客源货源，构建厦泉临空产业区，打造"海丝"核心区国际航空枢纽。争取自贸区进一步向岛外翔安等区扩围，破解自贸区厦门片区范围过小、土地资源过于紧张的矛盾，以机场、港口和自贸区建设等为突破口，带动岛外落后地区实现跨越式发展。

二　加快完善现代化产业体系，夯实开放型经济发展的产业根基

第一，做好外向型产业定位，实现服务业与制造业协同发展。一方

面，推动生产结构制造业深加工度化与高级服务业联动，提升全产业链附加值。以地区科创中心和局部总部经济建设为平台，发挥"互联网+制造业"的优势，从"制造业+产业链协同"和技术创新两个方向上整合、发展制造业，在稳定就业的同时实现优化升级，建立以关键核心技术为突破口的前沿产业集群。另一方面，定位建设知识型城市，将城市化与工业化深度融合。建设集成电路综合性产业基地，优化进口料件全程保税监管模式，支持跨国公司设立离岸研发和制造中心，推动"4+4+6"产业重点发展。建设人工智能创新及应用示范区，加快应用场景开放力度，推动智能汽车、智能制造、智能机器人等新产业新业态发展。建设民用航空产业集聚区，以大型客机和民用航空发动机为核心，加速集聚基础研究、技术开发、产品研制、试验验证等配套产业，推动总装交付、生产配套、运营维护、文旅服务等航空全产业链发展。建设面向"一带一路"沿线国家和地区的维修和绿色再制造中心，建立绿色认证和评级体系，支持在综合保税区开展数控机床、工程设备等产品入境维修和再制造，提升高端智能再制造产业国际竞争力。

第二，完善产业发展的配套支撑机制，建设全国领先的对外开放产业生态。一是进一步完善基础设施建设支撑，与金砖国家、"一带一路"沿线国家加强合作，培育"丝路海运"等品牌建设，建设国际物流大通道，并提升公共服务平台国际化水平，打造国内领先、国际知名的对外开放产业服务平台。二是进一步优化地区内和区域间的科研管理与服务机制，为前沿技术研发和落地提供针对性强的金融与财税方案，简化资金管理程序，完善科研项目绩效管理方式，形成完善的研发激励机制。三是强化知识产权保护，基于现有知识产权运营公共服务平台、社会信用评价和分级分类管理方案等，探索"跑零次"的线上调解相关办法，通过海丝法务区为外资企业、民营企业等提供法律咨询。

第三，加快产业自主创新，建设有国际影响力的自主品牌。一是加快产业链供应链建设，加强产业联盟、产学融合平台建设，并建立多部门协同合作的产业链供应链小组，建立产业链安全的事前预警、事中控制、事后应急流程。二是发挥现有网络安全产业优势，将网络安全作为厦门信创产业体系的重要组成，推动网络安全技术与国产化环境融合，全维度提升网络安全能力，为全国产业安全服务。三是创建具有国际影响力的品牌，增强关键环节话语权掌控。将文化贸易与数字贸易相结合，创新数字内容服务形式，提升消费品自主品牌的国际认可度。并通过金鸡奖等国内国际知名平台，以及开展国有品牌展销会等线下方式，增强自主品牌影响力。

三 健全人才储备与服务体系，争当全国人才培养与评价的示范

第一，打造人才团队建设品牌。聚焦人才与产业协同发展，发挥经济特区、东南沿海重要的中心城市的优势，吸引高端人才，形成高技术人才集聚生态。对国际高科技领域的拔尖人才和留学人才加大引进力度，对国内高校的拔尖人才加大引进力度。创新招商引资政策，集聚产业、资金、企业和人才。在申报科研项目和科研经费等方面予以支持保障。制定出台人才落户、购房、子女入学、医疗保障等一系列专项政策，为人才来厦门发展提供全方位服务保障。

第二，以产业人才储备和培养积累对外开放的硬实力。应依托现有前沿产业体系和相关学科体系，打破学科边界、基础学科与产业应用边界，建设解决关键技术难题为导向的科研中心，以产业需求为导向培养更多研发、应用型人才，并进一步发展应用型大学和职业院校，以现代学徒制培养现代产业体系急需的技术工人，为全国产业工人队伍壮大贡献力量。探索厦门职业技能培训体系建设，形成区域内技能提升、技能激励的机制，提高存量劳动力的技能和知识水平，为全省乃至全国职业技能培训体系建设树立标杆。

第三，进一步完善基础教育公平发展机制，保障流动人口子女就地入学，为城市留住产业工作者和储备未来人才，并为全国提供就地入学

积分制的示范经验。针对岛外承担更多岛内工作外来务工人员的随迁子女入学现象，和与之产生的岛外基础教育供给负担较重问题，可以在随迁子女入学时，根据随迁子女父母的社保及税务等信息，统计随迁子女父母的就业区位，使更多吸纳就业的区对更多承担基础教育的区进行转移支付，负担部分基础教育成本。

第四，完善人力资源评价与激励机制。应在多个产业领域推广航空维修产业职称改革试点经验，为技术工人建立常态化人才评价和退出机制，使技术工人可以评选为高端人才，并享受高端人才就业的优惠待遇，提升技术工人社会地位和生活服务保障。总结职称评审的流程与规范，组织技能评审的专家团队，建立全国示范型产业职称评审与技能考核基地，为全国的先进制造业及先进服务业提供技能培训及考核服务，将产教融合的技能培训与考核作为生产性服务业的发展方向之一。

第二篇 专题报告

第四章

厦门开放型经济体制建设的历史成就和机遇挑战

第一节 厦门城市开发和开放型经济体制建设的历史与成就

一 厦门的早期开发（1842年以前）

碧波环抱的厦门，背靠闽南大陆的漳州、泉州平原，东濒台湾海峡，与台湾、澎湖列岛一水相隔，厦门港是一个海峡型港口，港宽水深，终年不冻，港外星罗棋布的金门、烈屿（小金门）等岛屿，构成天然的防波堤，可以阻挡沿海的疾风巨浪，港内山峦环绕，成为易守难攻的海防要塞。因此，厦门长期以来就以宜人的环境、优越的港口和发达的贸易而闻名内外，成为中国东南沿海对外贸易的重要口岸城市。

然而，在明朝及之前，厦门长期隶属于泉州府下辖的同安县，古称嘉禾里（嘉禾屿），只是一个不出名的闽南小岛，自唐朝至元朝，东南沿海的贸易中心不是厦门，而是厦门以北的泉州。由于厦门孤悬海中，缺乏耕地和资源，明朝末年以前的统治者只重视它在军事上的作用，是一个驻军的地方，特别是在明朝的倭寇袭扰中厦门成为一个海防军事重镇。明洪武二十七年（1394年）起，永宁卫的中、左千户所驻防厦门并筑厦门城，所以中左所一度是厦门岛的代称。直到明永历九年（清顺治十二年，1655年），郑成功改中左所为思明州，才有了如今思明区的名字由来。

那么，作为一个港口城市，厦门是如何建立和发展起来的呢？厦门的早期形成和开发，与对外贸易，特别是16世纪起的对外贸易和台湾的开发有密切的关系。15、16世纪之交的地理大发现开辟了国际贸易的新航路，大航海时代到来，葡萄牙人、西班牙人、荷兰人纷至沓来到东亚寻求贸易机会。这一时期，漳州月港成为与南洋贸易的重要港口之一。荷兰人与葡萄牙人争夺澳门不得，为进一步扩大与中国的贸易，遂看中澎湖列岛作为贸易据点，但荷兰东印度公司在1604年和1622年两次占据澎湖的尝试都遭到明政府驱逐，因此，不得不于1624年退出澎湖而在台湾建立根据地，在台南修筑台湾城、赤崁城等港口和城堡，建立殖民统治并开展海上贸易。

从台湾出发至大陆的最短、最安全的航线，即是从台湾出发，经澎湖至金门、厦门。因此，台湾的开发和海上贸易的繁荣，也带来了金、厦地区的贸易兴盛。这一时期，明末海商郑芝龙在台湾、福建沿海经营贸易，身兼海商/海盗双重身份，于1628年接受明政府招安成为明朝的游击将军，并以厦门、金门等地为根据地从事海上贸易，成为富可敌国的大海商。郑芝龙、郑成功父子与荷兰人做生意，从厦门输出大量生丝、丝织品、茶等中国商品，不仅促进了国际贸易的发展，也繁荣了国内商品的生产和国内市场。荷兰人从厦门得到茶后贩卖到欧洲，时至今日，欧洲人语中的Tea正是来自茶的闽南语发音。荷兰人也从厦门与台湾的贸易中得到巨额利润，在荷兰东印度公司遍布世界的二十个商馆中，台湾商馆获得的利润高居第二位。

郑芝龙之后，郑成功以厦、金为根据地，打败荷兰殖民者收复台湾，大量人口从大陆经厦门、金门移居台湾，台湾得到进一步开发，台湾与大陆的关系也更加紧密。清朝初期厦门和台湾同属一个行政单位——台厦道，台厦同一行政区达四十多年，直到雍正六年（1728年）才单独设立台湾道。相当长的一段时间里，清政府规定厦门与台湾鹿耳门（今台南市安平区）单口对渡，其他港口一概不准通行，厦门成为当时台湾与大陆来往的主要通道，闽南各地人民多是从厦门前往台湾的。台湾与厦门地区语音相通、习俗相同、血缘亲密，追根溯源，正是来自自明清以来两地的密切联系。

因此，随着台湾的开发和海上贸易的兴盛，厦门港逐渐取代泉州港、漳州月港成为东南沿海的贸易中心。同时，厦门的行政地位也逐渐提升。康熙二十二年（1683年），福建水师提督移驻厦门，翌年设立台厦兵备道（雍正五年改为台湾道），管理台湾、厦门两地政务，康熙二十五年（1686年）泉州府海防同知移驻厦门，清雍正五年（1727年）兴泉道道治移驻厦门，雍正十二年（1734年）改称兴泉永道，管辖兴化府（莆田）、泉州府和永春州。[①] 至此，厦门逐渐成为福建东南沿海的军事、政治、经济和商业中心。

二 厦门的近现代经济和商贸发展（1842—1949年）

厦门在明末清初实现了初步的发展，成为福建东南沿海的政治、经济和贸易中心，但清朝统治建立后，总体仍然实施闭关锁国政策，受制于清朝总体对于国际贸易的态度，厦门的发展仍然受到很大制约。1842年鸦片战争后，清政府被迫与英国签订《南京条约》，厦门成为《南京条约》中规定的5个通商口岸之一。清道光二十三年（1843年），厦门正式开埠，厦门又一次迎来发展的历史窗口。

明末至鸦片战争前，厦门地区国际贸易的主要对象是日本和东南亚国家（地区），鸦片战争后，厦门与欧洲等国家的贸易迅速增多。根据

---

① 厦门市人民政府，走进厦门·建置沿革，厦门市人民政府网。

历史资料，1843—1850年，厦门对英国的进出口增加了180%—280%。[1] 1844年，英国驻华全权大使、港督德庇时（John Francis Davis）考察开放的几个通商口岸，在报告中指出"凡商务成功之要素，上海、厦门二埠皆具而有之，故其贸易之发展，可操左券"。进入20世纪初期，厦门港的对外开放和贸易进一步发展。历史资料记载，1911年，全国拥有外国商号最多的五大城市依次是上海（643个）、天津（260个）、厦门（240个）、汉口（125个）和广州（102个）；同年，外国侨民最多的五大城市则是上海（30292人）、天津（6334人）、汉口（2862人）、厦门（1931人）和广州（1324人）。鼓浪屿成为到厦门定居的外国侨民首选地，1902年，清政府签订《厦门鼓浪屿公共租界章程》，鼓浪屿被正式明确为公共租界，这之后鼓浪屿涌入了大量外国人和归国华人华侨居住。在鼓浪屿岛上建筑有70%左右是20世纪初至二三十年代建造的。1946年，民国政府海关税务署发布的贸易报告中，厦门口岸对外贸易总值居全国第九位，当年福建的对外贸易总额中，福建其他地区仅占28%，厦门却有72%，显示了厦门在全国、全省对外贸易中的重要地位。[2]

除了涌入厦门的外国殖民者，近代福建也出现了海外移民潮的高峰。19世纪90年代后，福建南部海外移民进入高潮，1890—1930年，累计约136万人迁移海外，每年的净迁移人数高达3.4万人，其中1913年一年，厦门华侨出国人员共计有10.5万人之多。在海外移民的带动下，出入厦门口岸的流动人口，尤其是来往于厦门与东南亚各地间的移民流动人口，数量相当可观，由此促发近代厦门的海上客运业，从而带动厦门近代航运业的发展。大量的海外移民潮，又反哺了厦门港的对外

---

[1] 习近平、罗季荣、郑金沐主编：《1985年—2000年厦门经济社会发展战略》，鹭江出版社1989年版。

[2] 习近平、罗季荣、郑金沐主编：《1985年—2000年厦门经济社会发展战略》，鹭江出版社1989年版。

贸易，特别是与东南亚的贸易。据厦门海关贸易统计，在19世纪后期，厦门对东南亚的出口贸易一直占厦门出口贸易总额的15%—50%。20世纪以来，厦门的出口贸易几乎靠对东南亚的出口贸易维持，其所占比重常年保持在70%—80%，至30年代更一度攀升到90%以上。海外华人华侨还为祖国的独立自由和发展建设做出了巨大的贡献，涌现了陈嘉庚、黄奕住等一批杰出的爱国华人华侨。

相比明清时期，鸦片战争后厦门的对外贸易虽然有较大发展，但当时的中国一步步由独立的封建国家变成典型的半殖民地半封建国家，因此厦门的对外贸易也呈现典型的半殖民地特征：（1）航运和对外贸易的主动权丧失殆尽，外国商船在厦门港大行其道，不仅国外市场的控制权掌握在外国资本手中，国内市场的进出口贸易活动也在外商洋行控制之下；（2）对外贸易从出超变为入超，在厦门被迫开放后的近110年间，几乎年年入超，到新中国成立前，1948年的出口货值不及进口货值的十五分之一，厦门成为外国商品入华倾销的重要渠道；（3）进出口商品结构发生变化，茶、糖的出口由于印度、印尼、斯里兰卡等地的竞争而受到打击，而输入商品中以鸦片、棉布、粮食等居多。[①]

三 新中国成立后特别是改革开放以来厦门的发展和开放型经济体制的建设

新中国成立后，中国仿照苏联实行计划经济体制，在对外贸易上实际施行的是高关税、高壁垒的保护主义贸易政策，对外经贸活动由国家高度控制，再加上这一时期中国所处国际环境的制约，改革开放前国家的外贸增长缓慢。而厦门由于地处"前线"，长期被封锁，致使新中国成立后相当长一段时间里航运受到很大影响，货物流通速度缓慢，对外

[①] 习近平、罗季荣、郑金沐主编：《1985年—2000年厦门经济社会发展战略》，鹭江出版社1989年版。

贸易停滞不前，尽管这一时期工、农业都得到一定发展，但作为一个以港口和贸易为主要比较优势的商贸城市，厦门的经济发展和城市建设都受到了很大影响。

改革开放后，特别是1980年经济特区建立以来，厦门的发展迎来崭新篇章。1979年7月，中央决定在深圳、珠海、汕头和厦门试办出口特区，到1980年5月，中央决定将深圳、珠海、汕头和厦门这四个出口特区改称为经济特区；1981年10月，厦门经济特区在湖里破土动工；1984年3月，国务院决定厦门经济特区从湖里的2.5平方千米扩大到全岛（包括鼓浪屿共131平方千米），并实行自由港的某些政策；1988年4月，国务院批准厦门市实行计划单列，赋予省一级的经济管理权限；1990年5月和1992年11月，国务院先后确定厦门经济特区和市辖的杏林、海沧、集美为台商投资区；1994年2月，国务院批准厦门市行政级别升格为副省级；1994年03月，全国人大授予厦门特区立法权，给予厦门在特区范围内制定法律规章的权力；2010年6月，国务院批准厦门经济特区进一步扩大到全市，特区法规正式适用于岛外，破解了"一市两法"的体制机制制约，岛内外一体化进程提速；2014年12月，中央设立福建自由贸易试验区，厦门片区成为福建自贸区重要组成部分。

经过改革开放四十年来的发展，厦门主动深度融入世界经济体系，实施互利共赢的开放战略，形成经济特区、台商投资区、出口加工区、保税区、自由贸易试验区、"一带一路"倡议战略支点等全方位、宽领域、多层次对外开放格局，发挥了"重要窗口"作用。

（一）对外贸易迅速增长

贸易进出口总额从1980年1.41亿美元增加到2021年1372.4亿美元，年均增速达18.3%。其中，出口额从1.40亿美元增加到2021年的666.1亿美元。1991年厦门出口总值首次超过10亿美元；2000年厦门外贸进出口总额突破 100 亿美元；2020 年厦门外贸进出口总额突破 1000 亿美元。改革开放之初，厦门主要从事"三来一补"和以进口满足特区市场物资为主的贸易业务，时至今日，厦门的对外贸易主要方式已变为以一般贸易为主导，加工贸易和保税物流为辅的格局，2021 年，厦门市一般贸易占进口和出口总额的比重分别达到 81.7% 和 63.3%。厦门出口产品以机电产品和劳动密集型产品为主，综合外贸竞争力居全国前列，已发展成为世界上最大的钨制品生产出口基地，中国主要电脑出口基地、液晶面板出口基地和民用飞机维修基地。

表 4-1　　2021 年厦门市按贸易方式分进出口总额情况　　（单位：亿元）

	进口	出口
总额	4569.2	4307.3
一般贸易	3733.9	2728.3
加工贸易	485.8	814.2
保税物流	327.5	748.5
其他	21.9	16.3

资料来源：厦门经济特区年鉴。

（二）利用外资成绩斐然

改革开放 40 年来，厦门市利用外资从无到有、从小到大、从点到面，规模日益扩大，水平不断提升。根据历史统计口径，1978 年利用外资仅 0.08 亿美元，到 2022 年 9 月，全市累计批准设立外商投资企业 17757 个，合同外资约 770.7 亿美元，实际使用外资 389.8 亿美元。2021 年当年外商直接投资项目 1135 个，实际利用外资 27.8 亿美元，厦门已成为国际资本对华投资的重要聚集地；外资企业成为厦门经济发展的重要力量，贡献约 70% 的工业产值、60% 的经济增长、40% 的进出口、40% 的就业和 30% 的税收收入；台资在厦门经济中扮演重要角色，厦门累计实际利用台资近 120 亿美元，台资企业工业产值占全市规模工业总产值 30% 左右。

（三）对外投资实现飞跃

2001 年前，厦门对外投资尚处于初始阶段，全市累计对外投资项目仅 65 个，投资额不足 5000 万美元，且基本上都是境外贸易网点；2014 年全市境外投资额突破 10 亿美元大关；截至 2021 年年底，全市备案对外投资项目 1708 个，协议投资额 264.89 亿美元，其中中方协议投资额 179.33 亿美元。2021 年，厦门备案对外投资项目 127 个，投资分布于 23 个国家，协议投资额 44.07 亿美元，其中中方协议投资额 14.77 亿美元，实际投资额 13.53 亿美元。

（四）海陆空立体口岸体系全面发展

海港方面，从改革开放初期的东渡港，到 20 世纪 90 年代中期建设海沧港，再到 2013 年完成厦漳港口一体化整合，厦门海港中心枢纽地位逐步得到强化，2021 年，共有泊位 161 个，其中万吨级及以上码头泊位 81 个，与世界 300 多个港口建立业务联系，货物吞吐量达到 2.3 亿吨，其中外贸吞吐量 1.2 亿吨，集装箱吞吐量 1204.6 万标箱，占福建全省比重近 70%，超越比利时港口安特卫普，在全球港口排名中位列第 13 位。空港方面，厦门于 1983 年在全国率先由地方利用科威特政府贷款 2100 万美元建成高崎国际机场，截至 2019 年，厦门空港运营境内外航线 174 条，其中国内 139 条，国际航线及地区 35 条，通航城市达 121 个，其中国际及地区 30 个，旅客吞吐量由 1984 年 10.1 万人次增加到 2019 年的 2741.3 万人次，厦门空港由最初的"小航站"跻身全球百强机场。翔安国际机场已全面开工建设，预计 2025 年年底基本建成，2026 年实现通航，可满足年旅客吞吐量 4500 万人次。

（五）国际交流交往日益频繁

厦洽会、国际海洋周等活动影响力进一步增强，培育了国际马拉松、世界合唱节等一批国际性精品文体赛事，成功举办了金砖会晤等具有重大国际影响力的高端会议、知名展会活动、高端专业学术会议，截至2022年厦门已同国外21个城市结为"友好城市"，厦门城市国际影响力快速提高。入境厦门旅游人次在1995年为25.4万人，到新冠疫情前的2019年，入境旅游人次已达376.5万人。

（六）投资贸易环境不断优化

改革开放初期，厦门立足大流通、大市场、大贸易，统筹国内发展和对外开放，不断完善外贸服务体系和管理体制，实现了内外贸统一管理，建立了开放统一的大市场。中国加入WTO后，厦门积极适应形势变化，结合2004年获批"区港联动"试点、2008年成立海沧保税港区等，进一步发挥口岸优势，在国内首创"集中报关、分批出区"通关模式和"一线集中检验，二线分批核销放行"监管模式，建立口岸通关快速联动机制，设立口岸通关绿色通道，推行"大通关"，通关效率加快提高。随着2015年获批自贸试验区，厦门加快制度创新，推出进出境邮件"移动式"通关模式、率先全国实施口岸三互改革、"一站式"查验通关改革等25项贸易便利化举措，率先全国推行"一照一码"商事制度改革、个体工商户简易登记模式等以便利化为核心的投资贸易监管制度改革，投资贸易便利化程度进一步提高，营商环境不断改善。

从百余年前的五口通商口岸，到改革开放最早设立的四个经济特区之一，厦门始终是中国扩大对外开放的"窗口"，在中国对外开放史上扮演重要角色。特区建设四十年来，依靠得天独厚的区位优势，"敢闯敢试、敢为人先、埋头苦干"的特区精神，开放的胸襟与胆魄，厦门积极用好国际国内两个市场、两种资源，加快构建开放型经济新体制，在投资贸易、交通往来、交流互动等方面不断提升国际化水平，逐步构建了全方位、多层次、宽领域的全面开放新格局。厦门成为中国重大改革先行政策密度最高、力度最大、措施最集中、效果最突出的系统集成地之一，对外开放优势凸显，经济外向度位居全国前列。改革不停顿、开放不止步，当前，厦门特区正加快金砖创新基地、自贸试验区等建设，以更高水平对外开放迎接新时代的机遇与挑战。

第二节　厦门构建更高水平开放型经济新体制的优劣势和机遇挑战分析

厦门的城市开发历史展现了一幅"向海而兴"的图景。新中国成立后，特别是改革开放以来，厦门始终处在国家的经济发展和对外开放战略布局的重要位置，不仅承担了最早的经济特区建设任务，也在当前国家推动更高水平对外开放的背景下，积极擘画新发展格局节点城市的蓝图。厦门构建更高水平开放型经济新体制，既有对台区位优势、"海丝"[①]核心区优势、综合交通枢纽优势、高质量发展优势和改革开放先发优势，也有一些自然条件短板和经济社会发展不平衡不协调问题造成的劣势，战略性机遇和重大挑战并存。本章基于SWOT分析框架，综合评估厦门在构建更高水平开放型经济新体制中的优势、劣势、机遇和挑战。

一　开放型经济发展的五大优势

（一）对台区位优势

厦门的对台区位优势体现在以下三个方面。第一，厦门具有便利对台交流的地理、人文条件。厦门与台湾仅一水之隔，主要城市间海运可"夕发朝至"。厦台同胞血缘相亲、语言相通、习俗相同，"两岸一家亲"传统源远流长。第二，改革开放以来，厦门坚决落实党中央对台大

[①] 海丝："一带一路"中21世纪海上丝绸之路的简称。

政方针,积极承担国家对台战略任务。厦门经济特区是全国唯一"因台而设"的经济特区,三个国家级台商投资区在厦门设立,深化两岸交流合作综合配套改革试验区、两岸融合发展示范区等国家级项目也落户厦门。第三,厦门立足对台战略支点城市定位,长期主动作为、善于作为,持续深化两岸交流合作综合配套改革,推进"一区三中心"① 建设,厦台经贸合作、人员往来、文化交流等各方面成果丰硕,厦门作为台胞台企登陆第一家园第一站的作用逐渐凸显。

(二)"海丝"核心区优势

共建"一带一路"是中国首倡的,促进沿线各国经济繁荣与区域经济合作,造福世界各国人民的伟大事业。福建是海上丝绸之路的重要起点,是连接台湾海峡东西岸的重要通道,国家支持福建建设21世纪海上丝绸之路核心区,有利于充分发挥福建比较优势,扩大闽台交流合作,深化中国与东盟等海上丝绸之路沿线的区域合作。厦门作为福建省内布局的重要节点,正在努力打造21世纪海上丝绸之路核心区互联互通的重要枢纽、经贸合作的中心基地和人文交流的重点地区,其综合优势表现为:第一,凭借产业基础、港口资源和开放政策比较优势,以东南国际航运中心建设为主要抓手,深化与东盟海洋合作;第二,利用深化两岸交流合作综合配套改革试验区的对台先行先试政策实效,支持台湾参与"一带一路"项目,深度拓展两岸与"一带一路"沿线国家、地区的合作渠道、合作领域。

(三)综合交通枢纽优势

厦门是东南沿海的重要港口城市,交通、物流产业基础扎实,资源配置体系完整,在打造海上合作战略支点城市和连接国内国际双循环的综合枢纽的过程中,海陆空通道集成优势得到进一步发挥,具体表现

---

① 一区三中心:两岸新兴产业和现代服务业合作示范区、两岸金融中心、东南国际航运中心、对台贸易中心。

在：第一，中国首个航运主题的国际综合物流服务平台"丝路海运"运营成效显著，截至2022年10月底，开辟94条命名航线，累计开行9482艘次，完成集装箱吞吐量1080.67万标箱，拓展综合性港航联盟成员超270家；第二，中欧（厦门）班列是中国自贸试验区中的首条中欧、中亚班列，其开通实现了"海丝"与"陆丝"的无缝对接，2019年以来，通过海铁联运和国际多式联运的双向运行，中欧（厦门）班列成为辐射中国中西部、中国台湾和欧洲、东南亚的物流通道；第三，厦门空港是国内五大口岸机场和全球百强机场之一。利用这一优势，面向"一带一路"沿线提升服务供给，稳定运营国际航线，大力发展航空货运，加快建设厦门新机场和翔安航空新城临空经济示范区，"丝路飞翔"品牌日益成熟。

（四）高质量发展优势

党的十八大以来，厦门的经济建设、社会事业和民生保障都取得重大进展，呈现出高质量发展和全方位开放的态势。经济综合实力明显增强，2012—2021年，地区生产总值年均增长达7.8%；经济结构优化，以先进制造业和现代服务业双轮驱动构建现代产业体系，9大千亿产业链（群）蓬勃发展，第三产业成为经济增长的主动力；创新动能强劲，形成一批拥有自主知识产权、知名品牌和较强市场竞争力的优势企业和产业，国家级高新技术企业增至2801家，高技术制造业占规模以上工业增加值的42.6%，产业带动效应明显；居民收入稳步增长，2021年人均地区生产总值高于全国和福建省平均水平，居民人均可支配收入年均增长快于同期经济增长水平；实施跨岛发展战略，加速岛内外一体化和城乡融合进程，2021年岛外占全市地区生产总值的46%。充分发挥自由贸易试验区、海上合作战略支点城市、金砖国家新工业革命伙伴关系创新基地、台商投资区、国家自主创新示范区等平台、载体效用，实行高水平对外开放，招商引资水平保持省内领先，2021年实际使用外资占福建省50.5%，63个全球500强公司在厦投资，累计参与项目114个；外贸综合竞争力处于全国前列，对东盟、美国和欧盟等主要贸易伙伴的进出口增长均高于全国水平，对"一带一路"沿线国家、RCEP、金砖国家的进出口稳定增长；优势出口产业大幅拓展新兴市场。

（五）改革开放先发优势

厦门是中国改革开放的先发城市之一，坚持全面深化改革，积累了丰富的体制机制创新示范成果和改革工作经验，形成了制度型开放的鲜明特征。自由贸易区试验区（厦门片区）是厦门对外开放制度创新的窗口，自挂牌以来，累计推出约500项创新举措，其中，在优化营商环境方面勇于突破，推行"多规合一"改革，开设国际贸易"单一窗口"，设立知识产权法庭和破产法庭（海丝中央法务区），等；在推进投资贸易便利化方面发挥首创精神，100余项政策举措为全国首创，30项厦门经验在全国推广；对于外贸新业态、通关新模式，大胆试、自主改，搭建航空维修、进口酒、集成电路、跨境电商等重要平台。厦门的另一项以扩大开放促改革的实例是深化两岸交流合作综合配套改革试验工作，"十三五"时期大力推动两岸产业、贸易合作，文化交流，便利两岸直接往来等领域的体制机制创新，并且围绕区域性金融服务中心建设任务，探索金融新体制、新产品和新管理模式。2016年先行先试108项创新政策，2018年出台首个地方版台胞台企同等待遇政策，落实"厦门惠台60条"，使厦门成为落实惠台利民政策典范城市，为两岸融合发展示范区建设奠定了基础。

二 进一步发展面临的五个劣势

（一）资源环境约束较大，经济总量偏小

厦门在15个副省级城市中面积最小，市域面积仅1700.61平方千米，陆域生态保护红线和海洋生态保护红线划定范围303.69平方千米，可利用土地资源十分有限，对产业空间布局、总部经济集聚的约束较大。加之早些年土地资源规划不合理，造成岛内空间紧张，岛外资源利用不足的结构性矛盾，制约厦门释放发展新动能。受限于人口规模和地域面积，厦门的经济总量偏小，2021年地区生产总值刚跨进7000亿元门槛，在全国15个同类城市中排名靠后，处在福建省内第三位。

（二）创新动能不突出，产业结构升级速度不够快

创新驱动、科技引领是厦门现代化建设和高水平开放的战略性导向，当前创新塑造发展新动能新优势的表现不突出。从综合的创新发展水平[1]看，创新环境不够成熟，缺少全国重点实验室、共性技术平台等重要创新载体，国家高新技术企业、专精特新"小巨人"企业、新型研发机构、高层次人才的总量不足，财政科学技术支出占本市财政支出比重和占全国的地方财政科学技术支出的比重[2]都有较大提升空间；创新投入高于全国平均水平，但显著低于创新型城市标杆深圳[3]，创新产出和创新成效都有待提高。从科技创新能力[4]看，随着长三角协同创新带动杭州、苏州、合肥3个城市强势提升，厦门的创新能力全国城市排名下滑（2020年第11位，2021年第12位），区域创新高地的定位和区域辐射作用亟须加强。从产业结构看，高技术和战略性新兴产业的规模和比重均偏小，缺乏互联网"三巨头"一类的头部企业，制约了由产业链引领的创新潜力。

创新驱动力不够强影响了厦门的产业结构升级速度。一方面，产业

---

[1] 参考国家统计局《中国创新指数研究》。

[2] 2021年厦门财政支出1060.00亿元，其中科学技术支出50.56亿元，同期全国的地方财政科学技术支出6971.8亿元。参考《2021年全国科技经费投入统计公报》《厦门市2021年国民经济和社会发展统计公报》。

[3] 2021年，研究与试验发展（R&D）投入强度：全国2.44%，厦门3.1%，深圳5.49%。参考《2021年全国科技经费投入统计公报》《厦门经济特区年鉴2022》《2021年深圳市科技经费投入统计公报》。

[4] 参考科技部《国家创新型城市创新能力评价报告2021》。

结构优化调整尚不到位，在"4+4+6"① 现代化产业体系布局中，支柱产业电子信息、战略性新兴产业文旅会展的发展水平与万亿产业集群的培育目标之间仍有不小距离；2021年数字经济规模超4000亿元，但与全国第一的深圳（8446.6亿元）相比，差距明显；一些重点产业链（群）缺失关键环节，本地产业配套能力不足，抑制产业带动作用。另一方面，厦门的传统优势产业分布在食品、水暖厨卫、纺织服装等行业，其数字化转型和技术设备改造的成本高、周期长，生产提质增效阻力大。

（三）贸易和投融资结构待优化

稳定外资外贸，重点在于优化外资外贸结构，提升对外投资水平，促进资金双向流动。厦门的贸易结构与本地的产业结构密切相关，也承受转型升级的较大压力。在进口贸易上，进口空间与本地产业升级需求不匹配，支持高端制造业、高新技术生产的原材料、技术设备、关键零部件等进口品类不足。在出口贸易上，高端制造业、高新技术产业的核心竞争力不足，具有自主知识产权、国际知名品牌的出口产品不多；现代服务业特别是生产性服务业规模小，导致这类服务贸易比重小；在跨境电商、数字贸易等新兴贸易形态发展滞后，尚未形成特色鲜明、带动作用明显的出口新动能。厦门外资结构的主要短板，一是来厦投资的高能级企业不多，相对于世界500强公司超过98%在华投资，100余家在厦投资的规模有待扩大；二是在厦设立总部的企业中，具备全球资源配置和跨国经营能力的外资企业占比不高，其中，世界500强公司比重不到10%。在对外投资水平抑制因素中，有两点值得关注，一是对外投资的产业范围和投向国区域不够宽，对外投资对本地产品、技术、标准和

---

① "4+4+6"现代化产业体系包含电子信息、机械装备、商贸物流、金融服务4大支柱产业集群，生物医药、新材料、新能源、文旅创意4个战略性新兴产业、第三代半导体、未来网络、前沿战略材料、氢能与储能、基因与生物技术、深海空天开发6个未来产业。

服务出口的带动效应有待加强；二是近年来，投资产业与投资主体高关联性显著，随着能源、资源型投资项目增多，国企对外投资比重上升较快，应警惕并妥善规避投向国收紧投资审查、对"走出去"的大型企业实施商业行为限制性政策等不确定性风险。

(四) 交通运输网络和港口服务存在短板

厦门的公路、铁路、航空、港口等基础设施建设有待加强。受特殊的山海地形影响，厦门的跨海交通难题阻碍泉州、翔安、厦门本岛、海沧和漳州的东西向大贯通，削弱了厦门在闽西南区域中心城市的功能。厦门港是全球第十四位集装箱港口，高（快）速公路承担港口集疏运的节点作用，厦门的高速公路里程107.89千米，快速路里程258千米，这对于每年运输上亿吨货物，每日承载几十万辆次车流量的负载是不够的，制约了厦门港口经济对内陆省份的辐射。厦门与成渝、长沙等中部城市群缺乏高标准直达铁路运输通道，与长三角等城市群铁路运输时间较长，对闽西南区域的带动力较弱。厦门机场跑道容量趋于饱和，国际航点特别是洲际航线占比偏低，与北上广相比差距明显，受周边机场挤压，航线流失严重，空港竞争力下降。厦门港的国际集装箱中转率偏低，目前国际集装箱中转率仅为9.7%，与新加坡、中国香港、釜山港等国际中转业务比例超过50%相比存在较大差距。厦门的海铁联运规模及占比偏低，与青岛港、宁波舟山港、上海港、深圳港等国内主要港口相比，海铁联运吞吐量绝对值、总量占比均没有优势。智慧港口和港口物流基础设施建设滞后，不能很好匹配大型集装箱船舶的实际装卸需求。

(五) 经济腹地不够广阔，区域内同质竞争激烈

厦门港的经济腹地不够广阔，直接经济腹地是厦漳泉都市圈外延至龙岩、三明等地。间接腹地是福建省、江西东南、浙江南部和粤东部分地区。连接厦门和这些地区的陆地交通运输网络不发达，物流成本较

高,部分经济腹地如赣州虽然与厦门距离较近,但经济发展水平不高,进出口贸易需求少,其他间接腹地如浙江、广东的地区,则面临深圳港、宁波港、上海港等大港口的激烈竞争。在闽西南协同发展区内,泉州的竞争力突出,地区生产总值超万亿元,连续22年保持福建省第一,2021年排名福建省第二,全国第21位。泉州港与厦门港的腹地高度重叠,货源同质化竞争激烈,对厦门港的业务拓展造成较大压力。

三 需努力把握的战略机遇

(一) 构建海上合作战略支点

厦门落实国家"一带一路"倡议部署,充分发挥比较优势,实行更加主动更高水平的对外开放,打造海上合作战略支点,有利于深化与东盟海洋合作,有利于加强厦门与"一带一路"沿线国家和地区的互联互通、经贸合作、人文交流,有利于携手海峡两岸共建21世纪海上丝绸之路。建成海上合作战略支点城市,将极大提升厦门的城市能级和国际影响力,使其成为中国东南沿海的中心城市和面向世界展示社会主义现代化建设成就的重要窗口。

(二) 打造国内国际双循环节点

厦门打造新发展格局节点城市,能够最大限度发挥厦门供应链业态的核心优势,统筹商品循环和要素循环两个方面,面向国际市场,以港口数字化改造和基础设施建设为主要任务,提升全球资源配置能力;面向国内市场,跨区域布局产业链供应链,构建辐射全国的供应链网络,并且凭借"海丝""陆丝"在厦门无缝对接的独特条件,推动国内外物流汇聚和资源联动。国际国内两个循环在本地连接打通、相互促进,将使厦门成为全球重要的区域性资源配置枢纽平台。

(三) 抢抓 RCEP 生效机遇

RCEP(《区域全面经济伙伴关系协定》)是亚太地区规模最大、

最重要的自由贸易协定谈判,达成后将覆盖世界近一半人口和近三分之一贸易量,成为世界上涵盖人口最多、成员构成最多元、发展最具活力的自由贸易区。2022年1月1日,RCEP正式生效,意味着世界上最大自贸区诞生。厦门与东盟国家距离近,处于东盟和东亚经贸往来的海上交通要道,与部分东盟国家有长久的交流往来历史,RCEP生效将进一步降低贸易成本,促进区域内贸易发展,这为厦门带来新的发展机遇。

(四)抢抓乌克兰危机带来的贸易和产业发展机遇

乌克兰危机致使欧美经济出现全面的成本推动型通胀,部分对相关成本敏感的产业存在转移需求。与此同时,中国的通胀稳定可控,政策空间充裕,并且,中国与俄罗斯关系稳定,冲突爆发导致俄罗斯加大对中国市场的能源、粮食供给,中国来自俄罗斯、中亚的天然气、石油等战略资源大幅增加,这使得中国相对欧美的成本优势进一步加强,是促进中国相关产业发展和产品出口的重要历史机遇。厦门要抢抓这一轮欧美特别是欧洲订单和产业转移的战略机遇,积极赴德、法等欧盟国家寻找招商引资机会,支持项目落地厦门。

四 要妥善应对的四个挑战

(一)国际政治经济环境深刻变化的挑战

国际社会单边主义、保护主义上升,助推逆全球化趋势,国际贸易投资持续低迷,全球产业链供应链受到冲击。2018年美国发起对华贸易战以来,美国出台诸多对中国贸易的限制性措施,并伙同相关国家打压中国高技术产品出口。中美关系出现重大变局,继特朗普政府发起中美经贸摩擦,拜登政府实行"芯片封锁",美国两党都妄图以科技、金融霸权遏制中国发展。2022年乌克兰危机爆发,导致全球性能源、粮食短缺和通胀,加速推动世界经济衰退。这些国际政治经济环境的深刻变化对中国贸易产生了较大的不利影响。厦门的投资贸易、电子信息、机械设备、新材料等支柱型产业将不可避免地承受较长期的冲击，特别是半导体和集成电路产业的创新发展将受美国技术封锁的较大负面影响。

（二）两岸经贸合作面临复杂挑战

近年来，台湾民进党当局借疫情进行政治操弄，单方面暂停大陆居民赴台，关闭"小三通"，大面积取消两岸直航航点，采取一系列限制性措施，阻挠两岸经贸合作和人员往来。同时，中美战略博弈下，佩洛西窜访台湾、频繁对台军售、大肆炒作台湾问题，中美在台湾问题上的博弈日趋激烈，在经济层面，美国阻碍海峡两岸经济合作，限制台湾为大陆提供芯片，阻挠两岸芯片产业合作，破坏两岸在高新技术领域深化融合的前景。中美战略博弈、岛内政局变化等种种因素令两岸融合发展面临诸多新的风险和挑战。厦门经济特区因台而特，是大陆对台经贸合作的第一线、最前沿，两岸经贸合作面临复杂挑战，厦门首当其冲，对台进出口贸易、双向投资、台胞台企正当权益均受到很大影响。

（三）后疫情时代国内经济恢复的挑战

新冠疫情影响具有持续性与疤痕效应，全球经济增长显著放缓，经济下行风险加剧，世界外需下滑压力加大，同时国内总需求也明显不足，内需与外需的增长均有所下降。2022年下半年以来，外需明显放缓，中国出口增速大幅下降。2023年1—2月，厦门进口806.7亿元，增长27.8%，出口675.6亿元，下降6.9%。外需的下降将导致国内外的竞争更加激烈，过去的开放型经济体制将受到冲击。内需潜力释放不足可能影响厦门主动融入内循环，构建内外贸一体化的进程；供给冲击可能影响厦门的产业升级和重点领域的补链强链；预期转弱可能冲击厦门的外资外贸稳定。

（四）全球金融风险上升的挑战

2008年国际金融危机以来，美欧日等发达国家采取了极度宽松的货币政策，流动性向全球泛滥。美国在2008—2015年，2020—2021年将联邦基金利率降至0，并实施了多轮大规模量化宽松政策，美联储资产负债表从8000多亿美元急剧上升到8万亿美元以上。欧元区和日本也长时间实行零利率甚至负利率政策，并多次实施大规模量化宽松。在低利率环境下，多方面金融风险不断积累。2023年3月，美国硅谷银行、签名银行破产，瑞士信贷信用崩塌，凸显全球金融的脆弱性。中国也存在国有企业、房地产与地方政府债务问题。金融业开放作为建设高水平开放型经济新体制的重要内容，其关键考量因素之一便是金融风险。随着全球金融风险的上升，金融业开放可能将更加审慎。

第五章

厦门构建更高水平对外开放新体制的制度问题研究

第一节 全面完善贸易自由化便利化制度体系

总体来看,厦门应吸收借鉴国内其他口岸城市和发达国家在贸易便利化领域的经验和先进做法,进一步优化物流、港口和海关服务,完善贸易便利化各项制度体系,促进进出口贸易高质量发展。

第一,完善国际贸易"单一窗口"制度建设。尽管厦门已经建立起国际贸易"单一窗口",但是与《贸易便利化协定》的高要求之间还存在一定差距,特别是各部门间协调和数据共享问题仍然存在,需要进一步完善。一是在实践过程中不断优化部门间的合作模式以及部门间数据共享的制度体系建设,界定好各部门的权责关系,真正做到"单一"公共平台的贸易监管。可考虑从省级层面,以厦门国际贸易"单一窗口"为模板,进一步完善单一窗口建设方面的规则制度安排,保障单一窗口的更加高效运行。二是强化对贸易信息的集约化、数字化和自动化处理,为所有参与进出口贸易的从业者减少通关时间,降低贸易成本。三是完善"单一窗口"标准版项目建设,深化企业跨境贸易档案功能,参照其他城市的先进做法,进一步深化航空物流公共信息平台建设。建立与国家口岸办联系沟通的固定化机制，加强厦门口岸物流作业主要环节数据采集，完善与国家"单一窗口"系统的更好对接，实现更多信息的交换共享。

特别地，可参考新加坡国际贸易"单一窗口"经验。新加坡国际贸易"单一窗口"主要体现为 TradeNet，该系统通过横向联合把 35 家国际贸易主管机构超过 8000 个具体业务流程整合到一个整体系统网络，实现不同监管部门在信息流、业务流的共享协作，为贸易商提供"单一窗口"和一站式通关服务，特点是"系统集成、机构分散"。企业仅需要填制电子表格，就可以向不同的政府部门申报，申报内容经各政府部门业务系统处理后自动将结果反馈到企业的计算机中。除了 TradeNet 外，新加坡还建设有港口网（Port Net），连接相关政府职能部门、船舶公司或其代理行、货主集装箱中转站和卡车运输业等，使港口用户获得船只进出港信息、舱位安排、货物在港所处的状态、预订舱位、指定泊位、起重机布置、集装箱实时跟踪等信息。每天 24 小时服务，减少客户提交单据后的等待时间。在此系统下，通过全程自动化无纸作业，集装箱通过港区大门通道只需 25 秒，货物从卸货到运出自贸区大约需要 1 个小时。特别是新加坡的数据标准化程度较高，新加坡"单一窗口"建设全部启用世界海关组织（WCO）的 DATA MODEL，由专门部门负责对数据元进行标准化。

第二，提升口岸便利化数字化水平。一是落实与 RCEP 成员国 AEO 国际互认成果，落实 RCEP "6 小时通关"、经核准出口商制度等便利化措施，推进厦门空港货运全天候通关服务。二是推进厦金海运快件专区对接，做强对台海运快件"南向通道"。三是强化口岸数字化监管。加速推进口岸数字化升级，推动港口智能化改造及智慧场站建设，作业效率持续提升。常态化在全国口岸运行展示与分析系统上报水运口岸、空运口岸运行数据，实现口岸运行数字化展示。四是加强与 RCEP 成员国关际合作。推动与 RCEP 成员国建立关际合作联系，推进与印尼泗水海关合作，积极开展与 RCEP 国家的 AEO 国际认证合作，支持企业申请 AEO 认证，对通过 AEO 认证企业给予奖励。

　　第三，完善国际运输物流体系。一是加快厦门国际航运中心建设。落实"丝路海运"实施方案，引导船公司开辟和加密航线，加强与国际友好港合作，巩固厦门集装箱干线港地位。推进国际集拼线上公共服务平台建设。优化业务监管模式，开展多货主、多货物、多国别的国内外混合拼箱业务，做大做强国际中转集拼业务。二是提升国际物流网络化服务水平。完善厦门中欧国际班列常态化运行机制，积极拓展沿线城市合作范围，做大国际贸易业务总量，将厦门港打造成"一带一路"中亚国家重要出海口岸及两个经济协作区互联互通陆海枢纽。加强与"一带一路"沿线国家口岸相关设施的功能衔接、信息互联，加强单证规则、检验检疫、认证认可、通关报关、安全与应急等方面的国际合作，畅通陆路双向贸易大通道，实现与国际物流体系的高效衔接。加强与东盟物流合作，借助中国与东盟、南亚各国"互联互通"战略的推进，利用自贸试验区政策，打造临港商品交易平台，构建"交易+物流+金融+信息服务"四位一体的国际物流服务体系，进一步带动资源要素集聚。三是推进兴泉铁路厦门支线、远海集装箱码头铁路专用线工程建设，大力发展港铁联运，建设厦门集装箱港铁联运综合改革区，打造具有较强资源配置能力的国际贸易中心、"海丝"与"陆丝"无缝衔接的国家物流新通道及重要节点。四是加快建设海峡两岸航运合作先行区。深化厦台港航合作，加强与台湾高雄等港口的合资合作，依托"一区三中心"的建设，深度推进航运服务、贸易金融、保税物流、法律仲裁、人才科技等相关领域的合作。发展厦台快捷物流，继续服务两岸的经济物资快件往来运输需求，打造两岸跨境电商快速通道和货物集散转运枢纽，实现海运快件及跨境电商相应的商流、物流、信息流和信息流在厦门聚集。加强信息互认共享，提升厦台合作"关港贸"一体化信息平台，实现贸易、物流、口岸监管等信息即时交换、共享，加强口岸监管数据互认，提升商贸和物流服务品质和竞争力。争取政策支持，争取对台航运政策先行试点，推动台湾地区航运企业在大陆从事航运业务，促进符合条件的船舶在厦门自贸试验区内落户登记，争取对登记船舶实行保税、免税等政策。

第二节 全面对接 RCEP 新规则，形成与 RCEP 国家贸易往来的新体制

第一，加快对标 RCEP 规则制度，为全省甚至全国提供范例。一是对标 RCEP 成员国自由港和自由贸易区的一流标准，在促进资金、技术、人员等要素的"要素型开放"的同时，加快规则、规制、管理和标准等的"制度型开放"。二是先试先行 RCEP 新规则新做法。充分发挥自贸试验区制度创新优势，先行先试 RCEP 过渡性条款，将投资便利化、服务贸易负面清单、数字贸易、跨境电子商务等协议内容在厦门自贸片区率先落实，为高效执行 RCEP 协定经贸规则提供可复制、可推广的样板经验。

第二，促进厦门企业"走出去"，加深与 RCEP 国家的产业链供应链联系。鼓励厦门有实力的企业在 RCEP 国家建设境外产业园区，促进更多企业"走出去"到园区设立加工制造企业，形成厦门与 RCEP 成员国更加紧密的产业和贸易联系，从而促进更多中间品的出口。加大对东盟、日韩等主要出口市场的开拓支持力度，对企业去 RCEP 国家参加展会、设立海外仓、成立营销网点给予重点支持和资金补贴，对海关通关、检验检疫等给予快速放行和费用支持。

第三，完善 RCEP 服务与交流平台建设。一是完善综合服务平台。充实厦门外资外贸专班，完善全市 RCEP 跨部门协调推进工作机制，出台未来几年《厦门市全面对接 RCEP 行动方案》。由市商务局、市贸促会牵头，打造 RCEP 一站式服务平台，提供政策咨询、原产地

证开立、展会信息等系列服务，助力企业开拓区域内市场。特别是以原产地规则、知识产权保护、优惠关税等内容为重点，加强外经贸企业 RCEP 培训，帮助企业尤其是外向型中小微企业熟悉 RCEP 规则内容和成员国关税减让情况，熟练掌握原产地证书申领程序、证明材料等 RCEP 规则，提升利用协定的意识和主动性。二是搭建 RCEP 交流合作平台。高水平举办与 RCEP 相关的经贸论坛、研讨会和展览会等，搭建 RCEP 成员国企业交流合作平台。积极争取涉及"海丝"、中国与 RCEP 国家合作等领域的国际性组织总部或办事机构落户厦门。着力拓展与 RCEP 国家知名度高、与厦门产业互补性强的城市结为友城，加强交流合作。

第四，织密与 RCEP 国家港口之间的航线，开拓与 RCEP 国家的跨境电商市场。厦门未来要与 RCEP 协商谈判，开通更多跨境电商快捷专线，搭建更多"点对点"直航，为跨境电商客户打造更多海运快捷新通道，助力厦门积极开拓 RCEP 国家的电商市场。同时，要做实《"丝路海运"电商快线服务承诺》，覆盖口岸联检、船公司服务、港口和物流等八大服务指标，为电商快线提供优质、高效口岸服务。加强与主要市场在东南亚的电商平台的合作，推动形成"商家直邮—国内仓发—海外仓发"的立体跨境物流网络，引导专业机构、商协会组织培育孵化跨境电商卖家，扩大东南亚等新兴市场规模。

第三节　全面对接数字贸易国际规则，形成数字产品和数字贸易发展的新体制

第一，加快学习和吸收数字贸易国际高标准规则。《数字经济伙伴关系协定》（DEPA）、《全面与进步跨太平洋伙伴关系协定》（CPTPP）、《美加墨协定》（USMCA）等贸易协定中的数字贸易规则代表了未来的

发展方向，是未来中国数字贸易规则发展的方向①。厦门应要求相关部门加快学习和吸收其中的先进规则，并结合厦门情况大胆试点和复制推行，尽快积累相关监管经验，为国家层面的数字贸易规则制度提供借鉴。

第二，提高数字贸易监管理念。数字贸易发展理念和监管思路要有全局视野、树立整体思维，并综合施策。数字贸易对几乎所有行业都有重要影响，将使得贸易产品融数据、货物、服务三位于一体②。因此，厦门数字贸易监管政策不能仅局限于数字贸易层面，而应对货物贸易、服务贸易及信息技术等诸领域进行同步改革。同时，在制定数字贸易规则时应具有系统集成思维，跨越部门局部利益，推动数字贸易监管与部门产业政策协调。

第三，不断提高数字贸易治理能力。数字贸易治理能力上不去，数字贸易发展就会滞后，进而限制对国际高标准数字贸易规则的适应能力。为提高厦门数字贸易治理水平，一是必须完善相应的政策体系；二是建议由市商务部门牵头，建立单独的数字贸易监管机构，选拔一批高素质、适应国际规则的监管人员；三是数字贸易治理要发挥平台企业的作用，鼓励平台企业"走出去"，适应国际高标准数字贸易规则，四是数字贸易治理要突出普惠性，确保广大中小微企业和普通消费者能够享受到数字贸易的红利，提高数字贸易国际竞争力。

第四，培育发展外贸新业态。用足用好国家跨境电子商务综合试验区各项政策。加强与亚马逊、阿里巴巴、京东、LAZADA 等头部平台合作，推进品牌和产业带出海行动计划，推广优势产业地域品牌影响力。针对跨境电商 B 端和 C 端业务的不同特点，加大对传统外贸企业转型跨境电商的引导、辅导和支持。支持协会、平台、培训机构与院校合

---

① 刘洪愧：《数字贸易发展的经济效应与推进方略》，《改革》2020 年第 3 期。
② 刘洪愧、赵文霞、邓曲恒：《数字贸易背景下全球产业链变革的理论分析》，《云南社会科学》2022 年第 4 期。

作，开展跨境电商相关专业课程和实操课程培训，支持举办各类技能大赛和创新创业活动，培育面向市场的实用型人才。引导园区加强平台合作、产业对接，为跨境电商企业提供平台支撑、柔性化产品、直播工具及金融支持。把握厦门软件园入选国家数字服务出口基地的契机，聚焦新一代信息技术前沿，加快推进"5G+人工智能+物联网"产业布局，发挥细分领域领军企业的带动作用，大力发展信息安全、线上医疗、在线教育、数字文娱等新业态新模式。依托厦门自贸片区国家文化出口基地，大力发展数字出版、数字影视等重点产业，推进文化产品和服务"走出去"。

第五，探索建立国际数据中心，提供跨境数据总部服务。厦门拥有大量的外向型企业（约占比60%），其海外合作伙伴和海外分支机构有大量的数据需要出入境，在国际互联网通信和境外数据交换方面需求很高。打造国际数据枢纽港，有助于带动厦门与中国台湾地区、"金砖"和"金砖+"国家以及"海上丝绸之路"沿线国家的经济交流合作，加快构建国内国际双循环相互促进的新发展格局。一是开辟国际信息通道。依托厦金海底光缆和登陆站的基础，提升对中国台湾方向的海缆利用率，并逐步增加对东南亚、南亚、中亚、欧洲、非洲东海岸等地区网络路由布设。建设区域性全业务国际通信业务出入口局。申请将厦门设为区域性全业务国际通信业务出入口局，承担东南区域的国际互联网业务和数据交换业务。二是建设数据枢纽载体。将厦门纳入国家一体化算力网络国家枢纽体系，推动设立厦门新型互联网交换中心分节点，有效汇聚和转接东南区域数据资源，分阶段有步骤发展为国际互联网交换中心。探索建立跨境数据流动机制，建立离岸数据中心。按照先试点再推广，边发展边管理的原则，在厦门自贸片区按照"境内关外"的模式探索离岸数据中心建设运营试点，为中国"走出去"企业和港澳资企业提供国际数据存储和处理服务。三是创新国际数据治理政策机制。例如，可在厦门自贸区暂停《中华人民共和国电信条例》《国际通信出入口局管理办法》中关于开展国际通信业务必须通过国际通信业务出入口的限制性规定。允许在自贸区注册的企业在我市开展国际通信业务，允许境外流量交互不经北京、上海、广州等其他专用国际通信业务出入口。又如，也可在厦门自贸片区探索相关电信业务试点及外资开放政策。将国际互联网交换业务和离岸数据中心纳入电信业务分类目录范畴，对于国际互联网交换中心和离岸数据中心投资建设和运营，适当放宽投资者资质要求和外资持股比限制。再如，可探索创新跨境数据流动管理和安全评估机制。研究出台国际数据流入和流出的负面清单，建立数据备案与出境安全评估机制、数据安全抽查管理机制等。

第四节　高质量建设厦门自贸片区，争取扩容提质

总体来看，要推动厦门市进一步完善负面清单加准入前国民待遇的外商投资制度，率先在投资贸易制度、数字贸易、"单一窗口"等重点领域全面对标新加坡，借鉴上海临港新片区、深圳中国特色社会主义先行示范区、海南自由贸易港等先进经验做法，在厦门自贸片区率先开展更多国际通行规则、高水平开放政策和创新举措的本地化应用。全面落实自贸试验区外商投资准入负面清单，争取在医疗、教育、金融、电信、研发、文化教育、知识产权等服务业领域取得更大突破，在数字经济、互联网等领域持续扩大开放。特别是，要有序落实金融业扩大开放政策，取消或放宽外资股东、股比、经营年限、业务范围等限制，支持符合条件的境外投资者依法设立、参股各类金融机构，扩大厦门金融服务能力。此外，厦门还需要在以下各方面取得制度性突破。

第一，厦门自贸片区面积偏小，制约了其各项对外开放业务的发展，厦门可向中央争取扩容。厦门片区目前面积为43.78平方千米，相

对其他自贸试验区的面积偏小。上海自贸试验区成立时也仅28.78平方千米，但是2014年12月全国人大常务委员会授权国务院扩大上海自贸试验区范围，将面积扩大到120.72平方千米，新增陆家嘴金融片区、金桥开发片区和张江高科技片区，使得上海自贸试验区的面积、涵盖业务和产业范围更完善。厦门可考虑以适当理由，如以两岸融合发展示范区建设等国家战略任务为由，向中央争取参照上海经验对厦门自贸片区扩容，将翔安新机场相关区域、若干科技园区、跨境电商综试区、知识产权园区等现代化服务业园区纳入自贸试验区范围，形成制造业与服务业联动发展格局，从而吸引国内外更多企业入驻厦门，推动厦门对外开放高质量发展。

第二，深化在投资、贸易、金融、运输、人员往来等领域综合性改革，推动要素流通型开放向规则等制度型开放转变。大力促进航空产业、集成电路、人工智能、大数据等战略性新兴产业和总部经济、健康医疗、旅游文化等现代服务业创新发展，建设现代化的临空经济示范区，加快推动传统产业转型升级，集聚国内外高端要素资源，巩固提升产业链供应链稳定性和竞争力，打造经济领域综合改革的先行区。

第三，在金融服务业对外开放方面先行先试。一是发展代理清算群，扩大到RCEP成员国和金砖国家，推动厦门与台港澳、金砖国家、RCEP成员国等国家和地区经贸往来中使用人民币。二是开展跨境银行人民币同业账户融资试点，为境外银行提供人民币供给。三是完善境外合格投资者境内投资企业（QFLP）制度安排，打通注册审批、结汇、账户托管、境内再投资、税收等绿色通道，促使厦门成为"一带一路"、RCEP、港澳台等地资本入境的重要渠道。四是加强出口信用保险作用，在相关业务部门协商基础上请业务部门牵头在厦门国际贸易"单一窗口"网站开设"出口信用保险"服务窗口，为境内企业参与"一带一路"、RCEP和金砖等国家和地区的贸易、投资往来提供信用保险服务和国别风险提醒服务。五是加快搭建环球供应链与离岸贸易金融服务平台，通过平台获取离岸贸易海外通关、物流、码头、船舶轨迹、提单（海、铁、空运）等信息。

第四，加快对标 RCEP 规则制度，为全省甚至全国提供范例。一是对标 RCEP 成员国自由港和自由贸易区的一流标准，在促进资金、技术、人员等要素的"要素型开放"的同时，加快规则、规制、管理和标准等的"制度型开放"。二是先试先行 RCEP 新规则。充分发挥自贸试验区制度创新优势，先行先试 RCEP 过渡性条款，将投资便利化、服务贸易负面清单、数字贸易、跨境电子商务等协议内容在厦门自贸片区率先落实，为高效执行 RCEP 协定经贸规则提供可复制、可推广的样板经验。

第五节　全面对接中国外商直接投资新制度

第一，进一步推进完善投资自由化便利化各项制度。在全市范围内实施市场准入承诺即准营制试点，全面落实投资的准入前国民待遇加负面清单制度，清单之外不得新增外商投资限制，全面放开一般制造业吸收外资的限制，推动服务业领域开放。

第二，清理不符合最新版《外商投资法》的地方法规和政策。要全面落实《外商投资法》及其配套法规和实施条例，清理与外商投资法及其实施条例不符的规定。严格落实国家"两清单一目录"，积极跟进国家对外商投资新开放领域，创新利用外资新业态、新模式，引导外商投向厦门重点鼓励产业。

第三，推出其他利用外资的新政策。特别是要用好 QFLP 试点政策，出台各类优惠政策，大力推动返程投资和外资企业利润再投资，拓展吸收外资新渠道。出台新一轮利用外资鼓励政策，特别是放宽高端现代化服务业的外资奖励扶持政策，加大对引进外资高端制造业及世界

500强项目的支持奖励力度。对重点外资项目出台针对性政策，推动重点项目尽快到资。对投资额1亿美元以上的重点制造业外资项目，在前期、在建和投资等环节，加大用海、用地、能耗、环保等方面服务保障力度。

第四，进一步优化外资企业投资环境。一是充分发挥外资企业投诉工作机制作用，加大外商投资合法权益保护力度，落实好外资企业国民待遇。持续加强外商投资领域法治建设，加强外资企业合法权益的保护。二是完善竞争中性政策的基础地位，促进内外资企业公平竞争。对标国际通行标准，加快完善以"边境内规则"为特征的深化改革开放，建立竞争中性的市场环境，构建对国有、民营和外资企业一视同仁、平等对待、统一监管的制度体系。取缔区别性、歧视性的优惠政策及不正当市场干预措施。三是采取有效措施解决好国外人才的入境、生活和教育问题。外资企业员工难以拿到本人和家人签证，影响了外企在中国的经营。对高层次国外人才，提供包括签证、暂住证、居住证、住房、医疗、子女教育、交通出行、金融服务等方面的"一站式"服务体系，提高国外人才在中国生活和工作的舒适感和获得感。四是健全外商投资公共服务体系和平台建设，强化政策宣传和法律服务支撑。指导外资企业用足用好国家、省、市各项支持政策，帮助外企协调处理对外贸易、对外投资及出口转内销业务方面的法律问题。五是加大知识产权保护力度，保障外资企业在高科技产品以及现代服务业产品方面的产权。

第五，充分利用国内经济大循环，鼓励外资出口型企业转内销。中国国内超大规模市场已经成为吸引外资的重要依托，要鼓励并支持外资企业开拓国内市场[①]。支持外资企业出口产品转内销，加快转内销市场准入，简化出口转内销产品认证程序和企业办税程序，缩短办理时间，

---

① 裴长洪、刘洪愧：《构建新发展格局科学内涵研究》，《中国工业经济》2021年第6期。

做好出口转内销的金融服务支持，必要时可考虑在一定时期内对出口转内销给予税收政策优惠。鼓励外资企业以自主培育、兼并收购等方式创建内销品牌和营销网络，开拓国内市场。

第六，打造高科技和数字经济领域吸收外资的竞争新优势。针对高科技外资企业适度提供税收优惠、财政补贴、厂房或办公场地保障。加快高新技术产业、战略性新兴产业等领域的对外开放步伐，充分释放这些领域吸收外商直接投资的潜力。针对新增用地的外资企业（包括新引进及增资扩产），要在全市范围内统筹安排专项用地指标，优先解决优质外资企业用地需求，针对租用现有产业空间的外资企业，可根据情况给予租金补助。此外，制定鼓励跨国企业总部转型、产能合并、产业升级扶持政策。设立重点外资企业技术改造投资基金，鼓励其向科技创新和先进制造升级。

第七，加大金融政策支持外资的力度。进一步扩大资本项目可兑换程度，便利外资更加自由流动，降低外资企业融资成本。外资管理部门应充分发挥金融对稳外资的积极作用，及时调研企业金融需求，鼓励各地方与金融机构联合研究出台专项举措，提高外资企业融资可得性，以及融资难、融资贵问题。

第六节　完善对外直接投资制度体系，鼓励和支持企业投资建设境外产业园

第一，继续完善企业海外并购政策安排，针对制造业、高端服务业和资源能源类企业的海外并购，可在审批和资金方面给予绿色通道。但是中国未来对发达国家和能源型国家的并购可能会面临更多壁垒，政府层面需要进一步思考如何拓展企业并购空间、减少并购阻力，特别是要构建民营企业海外并购的制度体系和审查体系。

第二，在绿地投资方面，要引导企业针对不同国家制定不同的策

略。在发达国家，企业可侧重于建立海外研发中心、高端生产性服务业、高端制造业，目的是充分利用发达国家的高端人力资本和技术人才。在发展中国家和"一带一路"沿线国家，要建立相应的加工贸易基地，转移部分国内制造环节和产能，充分利用发展中国家的劳动力低成本优势，开发相关国家的市场。

第三，引导大型企业和企业集团建设一批境外经贸合作区。境外经贸合作区已经成为中国主动"走出去"开展对外投资合作的重要方式，中国已经建设有100多个境外经贸合作区，包括国家层面和各级地方政府层面主导建设的，如柬埔寨西哈努克港经济特区、中国—越南（深圳—海防）经贸合作区、中国—白俄罗斯工业园区等[①]。厦门可借鉴深圳、浙江、江苏等地区的经验，引导本市有条件的大型企业或者企业集团到RCEP国家，"一带一路"沿线国家建设若干境外产业园区，从而推动本地企业"走出去"并巩固厦门与相关国家的产业链供应链联系。此外，要通过境外园区建设，带动其他企业批量化抱团走出去，特别是带动更多贸易企业走出去。

第四，引导企业拓宽对外投资合作的重点地区。一是RCEP成员国家，特别是东盟国家。东盟国家劳动力成本低，土地价格也便宜，未来制造业价值链中低端环节向该地区转移将成为全球产业分工趋势[②]。要把握住这一趋势，通过对外直接投资将厦门产业链延伸到东南亚地区。二是"一带一路"沿线国家。这些国家虽然不够发达，但是人口多、市场潜力比较大、对制成品的需求也比较大，且没有被发达国家充分开发，投资潜力巨大，但是需要谨慎处理可能的各类风险[③]。

---

① 刘洪愧：《"一带一路"境外经贸合作区赋能新发展格局的逻辑与思路》，《改革》2022年第2期。
② 刘洪愧：《"一带一路"境外经贸合作区赋能新发展格局的逻辑与思路》，《改革》2022年第2期。
③ 胡必亮、刘清杰：《"一带一路"投资国别风险测算、评估与防范》，《学习与探索》2023年第1期。

第五，引导对外投资企业更加重视在东道国的社会责任。要引导企业注重境外经营的本土化，勇于承担社会责任。中国企业海外经营要重视本土化经营策略，在注重与母国合作的基础上，生产经营应尽可能地利用当地生产要素，努力实现生产采购销售本土化、人员本土化、品牌本土化、融资本土化等，从而促进当地经济发展和就业，提升企业正面影响力。要深入研究了解东道国社会文化，尊重当地的社会风俗与法律制度，与当地社区、政府建立沟通机制，并与当地厂商形成紧密的利益关系。此外，促使"走出去"企业完善内部管理机制，将环境影响评价、生态保护机制、企业社会责任等纳入其中，走可持续发展的海外投资道路。

第七节　推动建设以厦门为中心的闽西南协同发展区

当前中国已经进入城市群发展时代，城市群成为支撑区域经济增长的核心。2019年2月和4月国家发改委先后印发《关于培育发展现代化都市圈的指导意见》和《2019年新型城镇化建设重点任务》，强调"城市群是新型城镇化主体形态，是支撑全国经济增长、促进区域协调发展、参与国际竞争合作的重要平台"。厦门要在开放型经济发展方面取得更大突破，必须联合闽西南其他城市，推动闽西南城市群高质量发展，成为厦门开放型经济发展的重要依托。

第一，厦门可联合其他城市，向福建省和国务院相关部门提出加快构建闽西南协同发展区的总体构想和建设方案，使得闽西南协同发展区建设获得福建省和国家层面的政策支持，将闽西南协同发展区建设纳入国家城市群建设的规划体系之中。

第二，厦门要主动融入闽西南区域一体化建设中，继续推进厦漳泉大都市区同城化步伐，深化与漳州、泉州、三明、龙岩的产业分工协作，强化与闽西南、闽粤赣十三市的区域协同，以建设国家中心城市和国际大都市为目标，加快向网络—枢纽式城市发展模式转型。

第三，推动完善闽西南协同发展区建设的制度体系和地方政府间合作机制。相对于珠三角城市群和长三角城市群，闽西南协同发展区的发展明显滞后，厦门作为闽西南地区的主要城市并未发挥核心作用，带动作用不足。此外，厦漳泉经济发展区域一体化程度不足，行政区划的束缚尚未完全打破，城市间分工不够合理、产业趋同乃至相互争夺资源的现象较为明显。因此，需要完善闽西南各城市之间的合作机制以及协同发展机制，破除体制机制造成的区域一体化障碍。要构建区域产业联盟，促进产业梯度转移、分工合理有序。同时，要推动闽西南协同发展区域的交通运输一体化建设，推进昌福厦高铁建设，加快厦漳泉城际轨道交通、泉厦金联络线、晋江（经南安）至同安高速等项目建设。

第八节　优化营商环境，促进各类所有制企业共同发展

第一，持续优化营商环境，切实保护民营企业权益。加快推进《厦门经济特区优化营商环境条例》立法进程，以 RCEP 要求的 170 项软性义务为重点，推进政务服务数字化，持续在开办企业、办理建筑许可、纳税服务等方面补短板优服务，逐步探索确立以竞争中性为特征的营商环境，切实保护民营企业权益。

第二，加大知识产权保护力度，吸引更多高质量外资企业入驻厦门。加快完善知识产权司法协同中心建设和行政调解机制建设，推动筹备设立中国（厦门）知识产权保护中心和商标审查协作中心，充分利用中国与日韩等国建立的专利审查高速路（PPH）项目，助力企业全球专利布局，同时加强海外知识产权纠纷和维权援助机制建设，借此吸引更多高质量外资企业入驻厦门。

第三，优化税收和外汇管理各项服务。要全面落实中央出口退税调

整政策，积极争取退税指标，进一步缩短出口退税时间，对重点出口企业实行优先流转、优先审核、优先核准、优先退税。支持企业开展出口退税账户质押，拓展外贸企业融资增信工具。开展贸易外汇收支便利化试点，鼓励银行法人机构为信用良好企业实施更加便利的贸易结算措施。支持符合条件的企业办理跨国公司资金集中运营，提高跨境资金使用效率。

第六章

厦门推动出口贸易高质量发展研究

第一节 厦门出口增长和结构变化的基本情况分析

一 厦门出口贸易增长总体情况

近年来,厦门出口贸易增速较低,不仅低于全国平均增速,而且也明显低于省内其他城市的出口增速(见表6-1)。在全国城市排名中,厦门的出口规模排名也不断下滑,2021年已经下降至第14位,甚至低于青岛、金华、成都、杭州等城市的出口。从省内来看,虽然厦门出口规模仍位列第一,但是出口增速已经低于福州、泉州和宁德等城市。厦门出口增速乏力的原因涉及多个方面,其主要原因包括:出口竞争激烈背景下其他城市的挑战;加工贸易出口增速下降;经济规模偏低;交通物流条件的制约;贸易新业态发展起步较晚等。

表6-1 2017—2021年厦门出口增长总体情况

年份	厦门		福建省		全国	
	出口额(亿元)	增速(%)	出口额(亿元)	增速(%)	出口额(亿元)	增速(%)
2017	3253.2	2.3	7114	4.1	153321	10.8

续表

年份	厦门 出口额（亿元）	厦门 增速（%）	福建省 出口额（亿元）	福建省 增速（%）	全国 出口额（亿元）	全国 增速（%）
2018	3338.5	2.7	7624	7.1	164177	7.1
2019	3528.7	5.7	8282	8.7	172342	5
2020	3572.9	1.2	8474	2.3	179326	4
2021	4307.3	20.6	10816.5	27.7	217348	21.2

资料来源：根据统计局与海关总署数据整理。

一 厦门出口的产品结构变化

从产品结构看，厦门市出口以机电产品和劳动密集型产品为主，出口额均呈现增长态势，其中机电产品出口占比达到45%以上，劳动密集型产品出口占比达到30%以上，两者加总达到80%左右。此外，厦门市高新技术产品出口占比也较高，达到20%左右。从变化情况看，自2017年以来，机电产品和高新技术产品出口比重下降幅度较小。2021年机电产品出口比重为44.5%，相较2017年下降0.9%。2021年高新技术产品出口比重为20.7%，相较2017年下降0.3%，并且在2021年有所回升。2017—2020年，厦门市劳动密集型产品出口比重一直都比较稳定，期间最高达到33.7%，但在2021年迅速下降到29.1%，比2017年下跌4.6%。具体来看，劳动密集型产品中出口占比较大的产品也普遍呈现下降态势，例如服装及衣着附件、鞋靴类、家具及其零件、皮革制品类等。总体来看，近年来厦门市出口产品结构变化最大特征是劳动密集型产品相较于机电产品和高新技术产品下降更多，出口产品结构整体优化。

表 6-2　　　　　　　2017—2021 年厦门出口产品结构

年份	劳动密集型产品 出口额（亿元）	劳动密集型产品 比重（%）	机电产品 出口额（亿元）	机电产品 比重（%）	高新技术产品 出口额（亿元）	高新技术产品 比重（%）
2017	1096.3	33.7	1478.4	45.4	681.9	21.0
2018	1055.0	31.6	1629.2	48.8	701.1	21.0
2019	1190.0	33.7	1663.4	47.1	650.3	18.4
2020	1150.6	32.2	1672.6	46.8	622.2	17.4
2021	1253.9	29.1	1916.8	44.5	890.7	20.7

资料来源：根据统计局与海关总署数据整理。

表 6-3　　　　　　　2017—2021 年厦门产品出口结构

年份		2017	2018	2019	2020	2021
钢铁及其制品	出口额（亿元）	58.9	83.3	110.4	139.3	212.7
钢铁及其制品	比重（%）	1.8	2.5	3.1	3.9	4.9
纺织纱线、织物及制品	出口额（亿元）	69.6	69.7	77.9	147.2	116.0
纺织纱线、织物及制品	比重（%）	2.1	2.1	2.2	4.1	2.7
服装及衣着附件	出口额（亿元）	371.5	294.2	341.9	310.8	401.4
服装及衣着附件	比重（%）	11.4	8.8	9.7	8.7	9.3
鞋靴类	出口额（亿元）	231.5	257.5	291.3	229.5	268.6
鞋靴类	比重（%）	7.1	7.7	8.3	6.4	6.2
家具及其零件	出口额（亿元）	150.9	171.3	173.5	164.8	178.7
家具及其零件	比重（%）	4.6	5.1	4.9	4.6	4.1
皮革制品类	出口额（亿元）	69.9	78.9	75.6	56.2	68.7
皮革制品类	比重（%）	2.1	2.4	2.1	1.6	1.6

续表

年份		2017	2018	2019	2020	2021
玩具	出口额（亿元）	85.7	92.3	106.1	156.5	169.8
	比重（%）	2.6	2.8	3.0	4.4	3.9
塑料及其制品	出口额（亿元）	101.5	123.4	143.5	163.5	171.4
	比重（%）	3.1	3.7	4.1	4.6	4.0
橡胶及其制品	出口额（亿元）	20.0	21.0	23.5	23.6	26.9
	比重（%）	0.6	0.6	0.7	0.7	0.6
车辆及其零件	出口额（亿元）	78.1	95.4	103.8	112.3	144.0
	比重（%）	2.4	2.9	2.9	3.1	3.3

资料来源：根据统计局与海关总署数据整理。

二 厦门出口的地区结构变化

厦门市出口地区结构基本保持稳定，前三大出口伙伴分别美国、东盟和欧盟，其中对东盟的出口增长速度较快，占比呈上升趋势，对美国和欧盟的出口占比则基本保持稳定。此外，厦门对大部分新兴市场经济体的出口占比基本呈现增长态势。2017—2020年，厦门对东盟的出口比重由16%上升到18.1%，上升幅度较大，虽然对厦门对东盟出口在2021年有所下降，但是有望迅速恢复。2017—2021年，厦门对韩国的出口占比增长0.5%，对俄罗斯的出口占比增长0.5%，对南非的出口占比增长0.1%，对其他新兴国家经济体如巴西、印度的出口占比变化幅度较小。总体来看，厦门市出口地区结构表现为以美国、东盟、欧盟、日本、韩国、中国港台地区为主，遍布全球各地区的格局，并且出口地区结构不断优化（见表6-4）。

表 6-4　　　　　　2017—2021 年厦门出口地区结构

年份		2017	2018	2019	2020	2021
东盟	出口额（亿元）	520.6	506.7	590.0	648.0	676.8
	比重（%）	16.0	15.2	16.7	18.1	15.7
欧盟	出口额（亿元）	491.8	551.3	580.2	556.4	717.8
	比重（%）	15.1	16.5	16.4	15.6	16.7
美国	出口额（亿元）	642.9	719.6	675.3	714.3	834.0
	比重（%）	19.8	21.6	19.1	20.0	19.4
日本	出口额（亿元）	195.7	222.6	231.7	221.0	242.4
	比重（%）	6.0	6.7	6.6	6.2	5.6
韩国	出口额（亿元）	93.2	94.3	97.3	114.2	144.4
	比重（%）	2.9	2.8	2.8	3.2	3.4
中国香港	出口额（亿元）	219.5	233.6	236.7	193.7	223.4
	比重（%）	6.7	7.0	6.7	5.4	5.2
中国台湾	出口额（亿元）	90.7	101.9	109.3	125.1	147.0
	比重（%）	2.8	3.1	3.1	3.5	3.4
巴西	出口额（亿元）	44.7	45.5	43.0	36.9	57.2
	比重（%）	1.4	1.4	1.2	1.0	1.3
俄罗斯	出口额（亿元）	42.6	52.0	63.9	61.4	77.8
	比重（%）	1.3	1.6	1.8	1.7	1.8
印度	出口额（亿元）	51.3	76.0	66.3	48.9	64.0
	比重（%）	1.6	2.3	1.9	1.4	1.5
南非	出口额（亿元）	16.8	19.9	23.7	23.2	26.7
	比重（%）	0.5	0.6	0.7	0.7	0.6

资料来源：根据统计局与海关总署数据整理。

三　厦门出口的市场主体结构变化

从厦门市出口的市场主体结构看，国有企业出口比重明显上升，民营企业出口比重上升幅度较小，外资企业出口比重明显下降。2017—2021 年，厦门市国有企业出口额由 297.8 亿元迅速上升至 637.7 亿元，同比增长114.14%，占比由9.2%增加到14.8%。民营企业出口额由1570.2亿元增加到2135.5亿元，同比增长35.99%，比重由48.3%上升到49.6%，增长幅度较小。而外资企业出口额虽然由1385.2亿元上升至1532.5亿元，但是所占比重由42.6%下降到35.6%，下降较为明显。总体来看，近年来厦门市出口市场主体结构变化的最大特征是国有企业占比增加幅度较大（见表6-5）。

表6-5　　　　2017—2021年厦门出口的市场主体结构

年份	国有企业 出口额（亿元）	国有企业 比重（%）	外资企业 出口额（亿元）	外资企业 比重（%）	民营企业 出口额（亿元）	民营企业 比重（%）
2017	297.8	9.2	1385.2	42.6	1570.2	48.3
2018	408.2	12.2	1431.1	42.9	1498.8	44.9
2019	586.2	16.6	1331.1	37.7	1612.8	45.7
2020	627.5	17.6	1286.7	36.0	1654.0	46.3
2021	637.7	14.8	1532.5	35.6	2135.5	49.6

资料来源：根据统计局与海关总署数据整理。

四　厦门出口的贸易方式更加多元化

从贸易方式看，厦门市加工贸易出口额及其所占比重均明显下降，一般贸易方式占比变化幅度较小，近年来有升有降，总体呈上升态势，保税物流等其他贸易方式出口额及其所占比重明显上升。2017—2021年，厦门市加工贸易出口额由873.0亿元一直下降至814.2亿元，同比下降6.74%，加工贸易出口比重由26.8%下跌至18.9%，下降幅度较大；一般贸易出口额几乎每年都不断增长，但是增速缓慢，所占比重由62.5%增长到63.3%；保税物流等其他贸易方式出口额由346.3亿元增长到764.8亿元，同比增长120.85%，增速较快，所占比重也由10.6%上升至17.8%，增加7.2个百分点。总体来看，近年来厦门市出口贸易方式结构更加多元化（见表6-6）。

表6-6　　　　2017—2021年厦门出口的贸易方式变化

年份	加工贸易 出口额（亿元）	加工贸易 比重（%）	一般贸易 出口额（亿元）	一般贸易 比重（%）	保税物流等其他方式 出口额（亿元）	保税物流等其他方式 比重（%）
2017	873.0	26.8	2033.8	62.5	346.3	10.6
2018	881.8	26.4	2014.7	60.4	441.7	13.2
2019	757.2	21.4	2065.6	58.5	707.4	20.0
2020	696.7	19.5	2090.4	58.5	784.9	22.0
2021	814.2	18.9	2728.3	63.3	764.8	17.8

资料来源：根据统计局与海关总署数据整理。

五　厦门市服务贸易发展情况

2020年1—11月，厦门市服务出口额为361.7亿元，同比下降33%。2021年，厦门市服务贸易出口额为369.6亿元，增长49.8%，高于全国增速18.4个百分点，服务外包企业承包合同额749.1亿元，执行额481.0亿元，分别增长40.3%和45.4%。厦门市服务贸易出口额与货物贸易出口额比重为8.58%，同期全国层面的比重为11.7%。相对来看，厦门市服务贸易出口规模仍较小，与货物贸易出口的比值也偏低，反映厦门市服务贸易国际竞争力还欠缺。

第二节　厦门出口贸易结构存在的问题及主要原因

一　厦门经济总量偏小，产业升级缓慢背景下经济增长乏力

出口贸易规模首先依托于地区经济总量，而其增速则主要与地区的产业结构升级和产业竞争力相关。但是与东部沿海地区的其他城市相比，近年来厦门经济总量偏小，产业结构升级步伐较慢，制约了其出口贸易的发展。

一方面，与东部沿海地区的其他城市相比，厦门市经济总量仍偏小。受人口规模、城市面积和经济腹地等方面不足的影响，厦门的地区生产总值在15个副省级城市和5个计划单列市中长期位于靠后位置，甚至在全国城市地区生产总值的排名中也不突出，也低于泉州的地区生产总值的规模。2022年，厦门市的地区生产总值为7803亿元，而泉州市的地区生产总值达到12103亿元。而且，厦门近年来的经济增速也下滑较为明显，在全国和地区层面的经济重要性有所下降，不仅低于深圳、杭州、宁波等城市的经济增速，也低于福建省地区生产总值的平均增速。相对于其他省份，厦门经济总量占全省的比重偏小，地区生产总值、社会消费品零售额等主要经济指标无论是在全省还是在闽西南五市的占比都呈一定程度的下降趋势。

另一方面，出口贸易发展与地区的产业结构优势和产业竞争力密切相关。但是与深圳等先进城市比较来看，厦门市产业结构升级的步伐较为缓慢，先进制造业、高新技术产业的竞争力不够突出，自主技术和知名品牌数量较少，致使新的出口增长动能不足。一是厦门先进制造业特色不够突出，产业结构较为单一，缺乏大型龙头企业；高新技术产业的研发投入及创新能力存在短板，缺乏自主技术和知名品牌，核心竞争力不强；高端现代服务产业特别是生产性服务业规模偏小，传统服务业增长乏力。二是一段时间以来厦门投资和产业结构不合理，影响较为长远。特别是厦门对房地产依赖度较高，房地产投资占固定资产投资比重过高，制造业投资占比偏低，房价收入比在全国城市中处于较高位置，这些都影响厦门经济的长期发展。三是新兴产业规模和体量较小，缺乏像阿里巴巴、腾讯、华为这样的科技龙头企业，也缺乏具有较强增长潜力的独角兽企业、隐形冠军企业和瞪羚企业。这导致厦门对高素质人才的吸纳能力不强，产业发展缺乏高端人才，影响经济发展的活力。这几个方面都导致厦门产业结构升级缓慢，制约了经济增速的提高和相应的进出口贸易的增长。因此，近年来厦门的国际贸易呈现出在加工贸易比重和劳动密集型产品出口比重下降的同时，一般贸易比重和高新技术产品出口比重并未明显提升，使得出口增长乏力。

二 出口增长传统动能减弱的同时，新的增长动能并未明显提升

一方面，在加工贸易出口下降的同时，厦门一般贸易出口并未明显提升，而只能依靠保税物流等其他贸易方式。这说明厦门本地产业和产品缺乏国际竞争力，本地企业生产能力不足，缺乏物美价廉的出口产品。

另一方面，在劳动密集型产品出口增长乏力背景下，厦门高新技术产品出口占比并未显著增长。近年来，不管是在全国层面还是厦门市层面，劳动密集型产品的出口都更加困难，占出口比重不断下降，机电产品特别是高新技术产品的出口更加重要。但是就厦门来看，在劳动密集型产品出口占比下降的同时，高新技术产品出口占比并没有稳步提升，甚至还有下降趋势，这反映厦门的产业创新能力存在较大短板。在2017年到2021年厦门市出口贸易中，高新技术产品出口比重虽然下降幅度较小，但最高时也只占21.0%，仍然没有成为厦门市出口贸易的主导产品。造成这种情况的主要原因可能是，厦门市部分企业对科技创新和研发投入的重视程度不够，企业没有意识到技术研发的重要性，或者企业无力突破关键技术。这些都导致厦门市企业外贸质量效益不高，因此也无法带动高新技术产业的发展。

三 外资企业出口大幅下降，国有企业和民营企业无法及时弥补相应缺口

近年来，厦门市外资企业出口规模和占比都下降较为明显，与此同

时，国有企业出口增速和占比都快速上升，民营企业出口变化较小。这可能与大量外资企业转移到国内其他地区或者转移到东南亚地区有关。主要原因可能在于厦门的产业链供应链不完善，相对珠三角、长三角城市的供应链短板不断凸显，大量外资企业出于成本考虑而不愿意落户厦门甚至现有外资企业也不断外迁。例如，近年来宸鸿等企业因产业链下游客户由境外转至境内苏州等地，导致其通过厦门的出口呈下降态势。国有企业虽然短期内出口增长，但是其规模和增长毕竟有限，而且一些国有企业缺乏足够的国际竞争力，长期来看可能增长乏力。厦门本地的民营企业则规模普遍偏小，缺乏大型的制造业企业和科技类企业，其出口增长的后劲也相对不足。

四 在出口增速减缓背景下，各地对出口货源的争夺更加激烈

近年来，保税出口一直是厦门外贸出口增长的重要支撑，但在出口增速普遍减缓、各地对出口货源的争夺更加激烈背景下，厦门保税出口增长也极不稳定。一方面，异地货源存在流失风险。厦门市外贸出口货源约45%来自异地，近年来周边省市地区为完成各自出口指标任务，纷纷加大奖励力度、改善营商环境、优化出口服务多措并举，异地货源流失加速；另一方面，厦门市异地货源奖励政策与周边省市相对没有优势。例如，泉州等地出口信保奖励可基本实现100%覆盖企业信保费用支出，而厦门市出口信保奖励缺乏多级叠加，只能覆盖出口企业信保费用约70%—80%，保税出口奖励政策出现一定程度弱化，政策吸引力下降加速异地货源流失。特别是，泉州、漳州、宁德、龙岩等省内城市外贸出口基数小，为促进货源回流实施的出口奖励力度较大、针对性强，异地货源回流对厦门外贸出口增长形成较大压力。

五 跨境电商等贸易新形态发育滞后

总体来看，厦门市跨境电商、数字贸易等贸易新形态发展滞后，规模小且无法对货物出口贸易形成明显带动作用。2020 年，厦门跨境电商进出口 23.2 亿元，增长 4.5 倍，占全市出口的比重为 0.6%，仅拉动全市出口增长 0.5 个百分点；而同期全国跨境电商出口 1.1 万亿元，增长 40.1%，占全国出口的比重为 6.2%，拉动全国出口增长近 2 个百分点。厦门贸易新形态发育滞后的原因主要包括：一是厦门的海运和空运物流通道也不利于跨境电商的发展，如深圳至北美跨境电商海运快线最快 12 天可达，而厦门至北美跨境电商海运货物时间长达一个月左右。目前高崎机场已超负荷运营，货运吞吐能力不足。此外，由于高崎机场停机坪空侧缺乏跨境电商综合监管作业场所，非厦航承运货物进出口需拉至元翔货站通关再运上飞机，严重影响非厦航承运货物物流效率。二是市场采购贸易方面，厦门前期由于在全市范围内找不到符合条件的出口货品集聚区而未能申报获批试点。而泉州石狮市场采购贸易 2020 年出口 343.2 亿元，同比增长 98.2%；拉动泉州外贸出口增长 11.7 个百分点，拉动福建省外贸出口增长 4 个百分点，成为泉州乃至福建省外贸出口稳定增长的重要支撑。三是配套支持政策不够完善，如跨境电商相关模式缺乏相应配套的税收政策，与漳州等周边综试区相比，厦门市出口基数大，各种跨境电商出口奖励政策的激励带动效应较弱，制约了跨境电商规模快速做大。四是缺乏跨境电商和数字贸易方面的龙头企业和平台企业。

六 交通运输和港口服务存在短板，制约异地货源增长和保税贸易发展

厦门在航空运输、铁路运输、港口服务等方面也存在一定程度的短板，制约异地货源增长和保税贸易发展。一是机场跑道容量趋于饱和、周边机场赶超态势明显。目前，厦门国际航点特别是洲际航线占比偏低，与北京、上海和广州相比差距明显，受周边机场崛起影响，航线流失严重，近 10 年全货机航线由 42 班/周缩减至 11 班/周，综合客运量

排名由第 14 名降至第 22 名，空港竞争力下降。二是厦门与成渝、长沙等中部城市群之间缺乏高标准直达铁路运输通道，与长三角等城市群的铁路运输时间也较长，对闽西南等经济腹地的带动较弱。三是海铁联运规模及占比偏低，与青岛港、宁波舟山港、上海港、深圳港等国内主要港口相比，在海铁联运吞吐量绝对值、总量占比方面均处于劣势。四是国际集装箱中转率偏低，对国际航运吸引力弱于邻近的高雄港，目前国际集装箱中转率仅为 10% 左右，与新加坡、中国香港、釜山港等国际中转业务比例超过 50% 相比存在较大差距。五是部分港区大型深水泊位不足，且装卸效率偏低。一些港区仅能满足近海与沿海的航运需求，对吃水能力达到 16cm 以上、承载量高于 7000 个 TEU 舱位的超大型船舶，难以满足其停靠需求；且配套设施相对滞后，无法有效匹配大型集装箱船舶的实际装卸需求，一定程度上致使厦门港码头泊位的整体利用率较低。

第三节　促进厦门市出口结构优化和贸易高质量发展的政策建议

一　夯实出口增长的产业根基

一是根据厦门当前产业发展基础，促进相关产业优化升级，增强产业国际竞争力。厦门拥有平板显示、计算机与通信设备、机械装备、旅游会展、都市现代农业、新材料、金融服务、软件和信息服务、现代物流、文化创意等规模超千亿元产业链群，也拥有光电、生物医药、钨材料等国家级产业基地和产业集群，2021 年数字经济营收规模达 4250 亿元。厦门在这些产业基础上，围绕新能源汽车、智能家居产品、数字化消费产品、新型文化产品等产业开发出若干具有竞争力的产品。扩大机电和高新技术产品出口。二是加快外贸转型升级基地建设。完善保健康复器具、运动健身器材等现有国家级基地的公共服务平台建设，提高资源配置效率，为基地企业提供更专业化的服务，支持基地企业持续提升产品品牌附加值，争取在基地内形成一批竞争力强的行业龙头品牌企业。四是强化招商引资，特别是引进一批制造业外资企业。围绕电子信息、机械装备等优势产业发展需求，加强大型制造业项目、以出口型为主的终端整机配套制造业项目的招商引资，支持和大力发展电子终端产品、电子元器件、传感设备、机械装备、生物医药等先进制造业，以及物联网、新能源、新材料、节能环保、人工智能（AI）等新兴产业高端装备、高附加值终端产品，夯实加工贸易出口和机电产品出口后劲。

二 培养自主品牌，强化出口的内生动力

在加工贸易下降的同时，要培育自主品牌，提高一般贸易出口增速，强化出口的内生动力。重点在于推动外贸生产企业由贴牌生产向委托设计制造、自有品牌方向转型，鼓励企业通过自主培育、境外收购等方式积极争创出口名牌。鼓励企业积极开展境外商标注册、专利申请和国际通行体系认证，加大对自主品牌知识产权保护和海外维权的支持力度。建设企业外贸品牌培育库，完善厦门品牌出海门户网站建设，进一步细分产品品类，优化营销功能，持续对接红点设计等优质设计服务资源，为企业提供品牌设计赋能等价值提升服务，加快塑造品牌形象。加大在亚马逊、京东、阿里巴巴等头部跨境电商平台的推介力度，塑造区域产业品牌形象。在开拓国际市场、建设国际营销网络、扩大自主品牌商品出口等方面，加大对品牌企业扶持力度，在提高产品附加值的同时扩大生产出口规模。

三 完善运输物流和港口服务，提高保税贸易竞争优势

厦门是全国最高等级国际性综合交通枢纽、国家重点建设的四大国际航运中心之一，是海峡西岸最大的台资企业聚集区和台商聚集区，以

及大陆最重要对台贸易口岸，未来需要充分利用政策优势，进一步完善运输物流和港口服务，并将其转化为保税贸易等方面的竞争优势。

一是要进一步完善"一横两纵"的铁路线网空间格局，使厦门从原来的铁路"末梢"城市变成了东南沿海重要的铁路枢纽城市；完善"两横四纵"高速公路系统，全面融入国家和区域网络；将高崎机场建成为东南沿海重要的国际干线机场和区域性航空枢纽港，加快建成厦门新机场，丰富国际航线网络。二是要提高空港、路港、海港等港口的综合服务能力。打造各类港口联动的智慧平台体系，提升现有共享信息管理体系服务功能，强化市场服务能力，构建综合物流枢纽。特别是，要提升厦门航空港在多式联运中综合枢纽功能，充分利用对台区位优势，将厦门作为两岸空运协作中台湾对大陆的重要物流枢纽港，试点开通"台湾—厦门—大陆其他城市"大型货机货运航班，降低台厦航空物流成本。开展对台海空多式联运服务，提高厦门在对台直航运输时间优势，提升直航货源竞争力。三是加快港口转型升级，提升港口运营服务能力。以港口业务为主业，融合多式联运和综合物流服务业，向上下游延伸产业链，充分发挥港口对保税加工、自由贸易、海洋新兴战略产业等方面的带动优势，发展航运服务业、邮轮服务业、"互联网+"等新业态。提升港口智慧化水平，海事、港口管理部门积极推进港口能源管理信息系统、集装箱码头集卡全场智能调控系统、港口物流信息系统等，加快推广应用物联网、5G等技术，提升港口运营能力、货运调度能力和通关监管效率，实现港口智能化、自动化和无人化。加强大型深水航道建设，提升厦门港船舶通航能力。加强港口国际合作，重点扩大与"一带一路"沿线国家特别是 RCEP 国家港口贸易合作。鼓励港口企业对外投资和跨国经营，培育具有核心竞争力、跨国经营的知名港口运营商。四是优化口岸监管手段，积极布局国际物流网络支点、海外仓和海外物流中心，发展拼箱和跨境电商物流业务，持续推进物流企业深入各个地区进行跨境贸易。

四　促进企业"走出去",加深与东南亚地区的产业链供应链联系

RCEP生效后,中国与东盟、澳大利亚、新西兰之间的立即零关税比例超过65%,与韩国相互立即零关税比例达到39%和50%,与日本相互立即零关税比例达到25%和57%。RCEP降低了区域内贸易关税和非关税壁垒,将加深区域内产业链供应链价值链合作,促进区域内中间品贸易[①]。根据海关统计,2022年1—11月,中国与RCEP成员进出口总额达到11.8万亿元,同比增长7.9%,占中国外贸进出口总额的30.7%。2022年1—11月,中国对东盟的出口平均增长率为19.1%,高于对美国4.7%和欧盟12.1%的出口平均增速。2023年是RCEP生效的第二年,部分汽车零部件、摩托车、部分服装类产品等将实现零关税或逐步降为零关税,贸易条款和关税红利将进一步释放,预计来自东盟的外需拉动将成为中国出口的重要支撑。因此,要大力支持企业开拓深耕RCEP市场,形成出口的新增长极。一是要进一步巩固提升厦门与RCEP国家的产业链供应链关联,形成更加稳定的区域价值链。二是鼓励厦门有实力的企业在RCEP国家建设境外产业园区,促进企业"走出去"到园区设立加工制造企业,形成厦门与RCEP成员国更加紧密的产业和贸易联系,从而促进更多中间品的出口。三是可借鉴成都举措,加大对东盟、日韩等主要出口市场的开拓支持力度,对企业去RCEP国家参加展会、设立海外仓、成立营销网点给予重点支持,对海关通关、检验检疫等给予快速放行和费用支持。四是支持企业去海外争取订单、给予资金和海关出行便利化等方面的支持。

五　优化营商环境,促进民营企业和外资企业发展

一是持续优化营商环境。加快《厦门经济特区优化营商环境条例》立法进程,以RCEP要求的170项软性义务为重点,推进政务服务数字

[①] 杨继军、艾玮炜、陆春怡:《RCEP原产地规则对区域供应链重构的影响》,《国际贸易》2023年第7期。

化，持续在开办企业、办理建筑许可、纳税服务等方面补短板优服务，逐步探索确立以竞争中性为特征的营商环境。二是强化知识产权保护，吸引外资企业进驻厦门。完善知识产权司法协同中心建设和行政调解机制建设，推动筹备设立中国（厦门）知识产权保护中心和商标审查协作中心，充分利用中国与日韩等国建立的专利审查高速路（PPH）项目，助力企业全球专利布局；加强海外知识产权纠纷和维权援助机制建设。三是加大对民营企业和外资企业的支持力度。适度延长阶段性免征和降低进出口货物港口建设费、货物港务费、港口设施保安费等举措实施期限，对年出口额达到一定金额的民营出口企业，适度给予海运集装箱物流费用支持。延续外贸企业贷款偿还和续贷方面的优惠政策，引导政策性担保公司对外贸小微企业免收保证金和担保费，直到外贸形势基本好转，从而给外贸企业充分信心和预期。加强对小微企业的出口信用保险支持，扩大出口前保险覆盖面，放宽受理条件，完善产品配套，帮助企业合理分担海外买方取消订单造成的损失，适当调降小微企业保险费率和资信收费标准。优化税收和外汇管理服务。全面落实中央出口退税调整政策，积极争取退税指标，进一步缩短出口退税时间，对重点出口企业实行优先流转、优先审核、优先核准、优先退税。支持企业开展出口退税账户质押，拓展外贸企业融资增信工具。开展贸易外汇收支便利化试点，鼓励银行法人机构为信用良好企业实施更加便利的贸易结算措施。支持符合条件的企业办理跨国公司资金集中运营，提高跨境资金使用效率。加大各项外贸扶持政策宣讲力度，让更多民营外贸企业充分利用外贸奖励政策降本增效。

六 提升技术、人力资本等资源要素方面的优势

一是优化土地要素空间布局，盘活存量土地。厦门是一个海岛和海湾型城市，陆地面积仅有 1699 平方千米，土地资源特别是城市建设用地紧缺，市场容量和发展空间有限，因此要进一步优化岛内岛外的土地利用空间布局，同时还需加快盘活低效用地。要进一步推进混合产业用

地供给增加，完善农村第一、第二、第三产业融合发展用地保障措施。二是资金、技术、数据等要素融合运用还不充分。在金融市场方面，厦门国际性金融机构和金融交易场所还存在欠缺，需要针对厦门自身区位和禀赋优势，完善金融市场建设。在技术要素方面，缺乏国际级的科学中心、研发中心和国家实验室。此外，厦门高技术、高学历人才流失严重，需要提高人才待遇、完善人才发展环境，大力引进国际人才。在数据要素方面，与浙江等地区相比，厦门在公共信息集成、供需信息"一站式"对接、应用场景开发、企业画像等方面仍有较大提升空间，主要出于数据安全责任、数据权属、数据使用路径等因素考虑，各行业主管部门开放数据顾虑较多，影响了数据资源汇聚的数量和质量，导致信息共享和数据整合较不充分，存在一定的数据孤岛现象。

七　鼓励数字贸易、跨境电商等贸易新业态新模式加快发展

一是完善跨境电商发展环境，培育支持一大批跨境电商企业，提升跨境电商数字化服务水平。建设完善跨境电商公共服务平台，对接海关、税务、外管等部门，支撑跨境电商业务开展及监管需求，为跨境电商企业提供关、税、汇全链条便利服务。以跨境电商综试区建设为抓手，培育和引进一批成长性好的跨境电商龙头企业、品牌服务商，加快推进海外仓、集货仓、国际物流通道等电商配套设施建设，扩大跨境电商综合服务平台试点。加快建设厦门跨境电商产业园，形成综合化全能型的跨境电商基地。推动厦门跨境电商企业加强与亚马逊、阿里巴巴、京东等头部平台对接合作，实施品牌和优势产业出海行动计划；鼓励跨境电商企业建设海外仓，在外经贸发展专项资金中继续设立海外仓建设运营支持额度，对海外仓额外开展国际货运代理、境外通关、营销推广、退换货、售后维修、简易加工、金融保险服务对接等业务取得银行贷款的，给予一定额度贴息支持。尽快明晰跨境电商配套税收落地执行相关举措，推动我市跨境电商业务规范、健康、快速发展。二是积极推动数字贸易创新发展，是培育商务数字化转型主体。完善《厦门市商贸

流通与生活服务业专项资金管理办法》《促进电子商务高质量发展的若干措施》等政策，引导传统商贸企业数字化转型，支持数字化新业态、新模式发展。三是进一步优化厦门数字贸易进出口政策，加快研究厦门对接 CPTPP（《全面与进步跨太平洋伙伴关系协定》）、DEPA（《数字经济伙伴关系协定》）等贸易协定的数字贸易条款，使厦门的数字贸易出口潜力得到进一步释放，助力出口继续增长。四是促进厦门跨境电商和数字贸易企业与厦门制造业企业建立更加紧密的联系，从而对出口贸易起到更大带动作用。

八　提高服务贸易的出口竞争力

一是充分利用厦门名牌优势和传统文化，推出更多与厦门相关的文旅产品，打造更多厦门 IP，吸引华人华侨和台胞来厦门旅游和消费，努力将厦门打造成为全球华人的旅游中心。二是大力打造文化产业，促进文化产品出口。充分利用厦门自贸片区国家文化出口基地，吸引更多国内外文化企业入驻。同时，积极推进中国（厦门）智能视听产业基地建设，推动建设数字贸易平台，促成版权方、中间方、被授权方进行版权交易，推动中版集团数字传媒有限公司成立中版信达（厦门）文化传媒有限公司。积极通过文化会展促进文化服务贸易，更大力度和规模举办东南亚中国图书巡回展，推动金鸡国际影展扩容增量提质，打造国际影视传播及文化交流平台，积极举办海峡两岸文博会。三是推动软件、计算和信息服务等高端数字服务产业发展，推动相关产品出口增长。进一步完善《厦门市加快推进软件和新兴数字产业发展若干措施》，吸引更多国内外云计算、大数据、人工智能等数字企业在厦门集聚，在用电、用能和相关人才引进方面给予更多支持。鼓励扶持游戏企业产品出口，对游戏产品在境外平台上线的渠道费用和通路费用给予更多补贴。

第七章

促进厦门双向 FDI 高水平发展研究

第一节 厦门双向 FDI 发展水平分析

双向国际直接投资（Foreign Direct Investment，FDI）简称"双向 FDI"，包括两个部分：一是对内直接投资（Inward Foreign Direct Investment，IFDI），即外商直接投资；二是对外直接投资（Outward Foreign Direct Investment，OFDI）。

对 2017—2021 年厦门外商直接投资（IFDI）和对外直接投资（OFDI）的规模、行业和来源地结构进行梳理，并与同类型城市、全省的横向比较后可以看出，厦门积极挖掘利用外资和对外投资的新模式新渠道。特别是新冠疫情暴发以来，厦门通过发挥政策红利、提供工作指导、密切跟踪推动项目进展、把握重要节点开展招商引资活动，持续稳定外资和企业"走出去"投资的信心，培育双向 FDI 新增长点，利用外资和对外投资量质齐升。

一 IFDI 发展历程与现状

厦门市政府 2019 年提出"大招商、招大商"，2020 年确立"招商引资与项目建设攻坚年"，2021 年要求"招商引资力度只能加强，不能有任何削弱"。在政策的积极引导下，厦门利用外资不仅没有受到疫情影响，还呈现出以下特点。

(一) 利用外资规模不断扩大

2017—2021年，厦门市实际利用外资由2017年的160.1亿元增加至2021年的186.4亿元，年均增长率为3.9%，占全省的比重由2017年的27.9%抬升至50.5%，实现了引资总量与全省占比的双提升。与此同时，厦门市在合同外资层面表现不俗，尽管2021年新设外资企业数同2017年相比变化不大，五年来项目数占全省的比重有所下降，但从金额来看，合同外资金额由2017年的328.1亿元增加至2021年的435.2亿元，年均增长率7.3%，占全省的比重由2017年的32.5%提升至2021年的40.2%，合同外资金额同样实现了总量与占比的双提升（见表7-1）。

表7-1　2017—2021年厦门市实际利用外资、合同外资、新设外资企业数情况

年份	实际使用外资（亿元）	增长率（%）	占全省比重（%）	合同外资金额（亿元）	增长率（%）	占全省比重（%）	新设外资企业数（家）	增长率（%）	占全省比重（%）
2017	160.1	—	27.9	328.1	—	32.5	1145	—	56.1
2018	107.3	-33.0	35.2	465.9	42.0	44.6	1216	6.2	50.3
2019	134.2	25.0	42.6	355.2	-23.8	32.0	1322	8.7	55.3
2020	166.0	23.7	47.7	381.4	7.4	41.4	987	-25.3	44.2
2021	186.4	12.3	50.5	435.2	14.1	40.2	1135	15.0	41.4

资料来源：厦门经济特区年鉴、厦门统计公报。

(二) 利用外资结构不断优化

从三次产业投资情况来看，厦门的外商投资一直以第三产业为主，近年来这种集中程度更加明显。在2017年实际利用外资三产分布中，一产金额占比忽略不计，二产为96.4亿元，三产为63.7亿元，二产与

三产的比重约为 3∶2；2019 年三产金额占比首次超过二产；在 2021 年，二产为 42.7 亿元，三产为 143.7 亿元，二产与三产的比重约为 1∶3.4，第三产业利用外资占比显著增加（见图 7-1）。

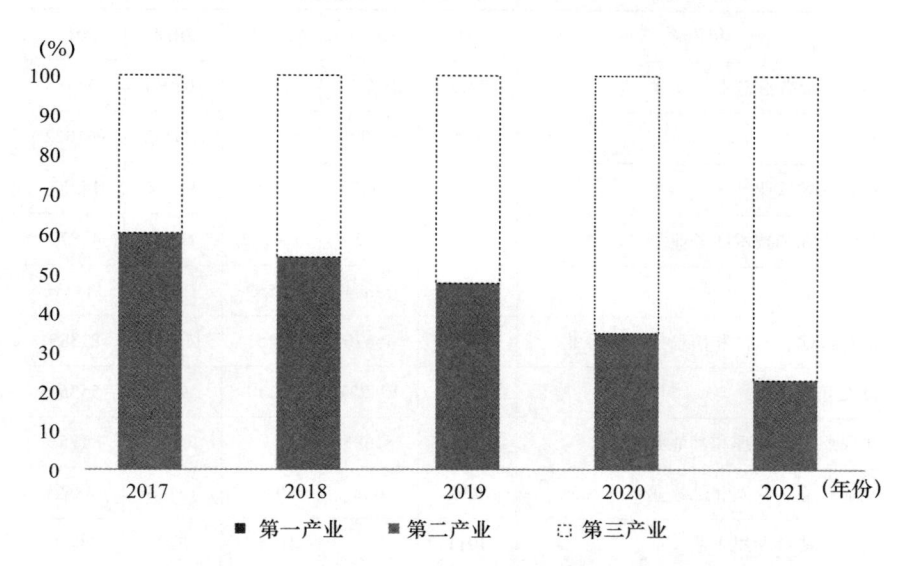

图 7-1　2017—2021 年厦门市实际利用外资三产分布
资料来源：厦门经济特区年鉴。

从细分行业来看，2017—2021 年厦门市服务业利用外资迅猛增长，制造业吸引外资的能力相对减弱，但仍是重要领域。2017 年，厦门市实际利用外资排名前五的行业为制造业，房地产业，交通运输、仓储和邮政业，租赁和商务服务业以及信息传输、软件和信息技术服务业，其中排名第一的制造业占比最大，其规模为排名第二的房地产业的 6.7 倍；2021 年，实际利用外资排名前五的行业为租赁和商务服务业、制造业、住宿和餐饮业、科学研究和技术服务业以及房地产业。随着产业结构的调整，服务业吸引外资能力逐渐加强，且领先行业逐渐由资本密集型向技术密集型转变，科学研究和技术服务业势头强劲，2021 年利用外资金额为 2020 年 3.5 倍，为疫情前 2019 年的 2.2 倍，五年年均增速达51.6%（见表7-2）。

表7-2　　2017—2021年厦门市实际利用外资行业分布　　（单位：万元）

年份	2021	2020	2019	2018	2017
租赁和商务服务业	474730	380556	213236	107061	135568
制造业	426004	577329	639965	579113	961022
住宿和餐饮业	391678	277177	95349	34234	15957
科学研究和技术服务业	226484	64276	100762	6745	42870
房地产业	143196	93084	53552	12133	144351
信息传输、软件和信息技术服务业	84718	45670	64151	115380	82385
批发和零售业	56602	124221	55717	39492	55350
居民服务、修理和其他服务业	42933	81685	—	—	175
交通运输、仓储和邮政业	12363	668	19522	14126	143621
文化、体育和娱乐业	1911	—	10317	342	2947
农、林、牧、渔业	1247	—	—	—	—
教育	585	—	—	—	103
建筑业	527	207	750	—	343
水利、环境和公共设施管理业	405	—	—	20308	172
电力、热力、燃气及水生产和供应业	250	695	—	1000	2500
金融业	—	13001	87869	139991	12671
卫生和社会工作	—	1900	420	—	980

注：图中行业顺序按照2021年由高到低进行排列。
资料来源：厦门经济特区年鉴。

（三）利用外资的来源地主要为亚洲

从累计利用外资来看，在厦的外商直接投资主要来自亚洲，其累计金额占比达到70.77%（见图7-2）。从主要国家和地区来看，得益于地理区位优势，厦门利用外资的来源地主要是东亚国家和地区，如新加坡、中国香港、中国台湾等。其中，香港稳居厦门市第一大外资来源地，2021年，香港实际使用外资152.0亿元，占实际利用外资总额的81.5%；而位于海峡对岸的台湾，其投资情况也较为稳定，2021年新设企业数为683个，实际利用金额为3.2亿元，2017—2021年台湾投资一直围绕2.5亿元上下波动①。由此可见，在厦的外商投资中，港商、台商投资项目居多的特征显著。但新加坡、日本的贡献也不容小觑，2017—2021年来自日本的实际利用外资虽然有所下降，但2021年其金额仍排在主要国家中的第二位；新加坡则从2017年2.2亿元增加至2021年5.2亿元，年均增长率为23.6%（见表7-3）。此外，2020年，金砖国家新工业革命伙伴关系创新基地在厦门设立。截至2021年年底，金砖国家累计在厦门投资企业108个，合同外资5147万美元，实际使

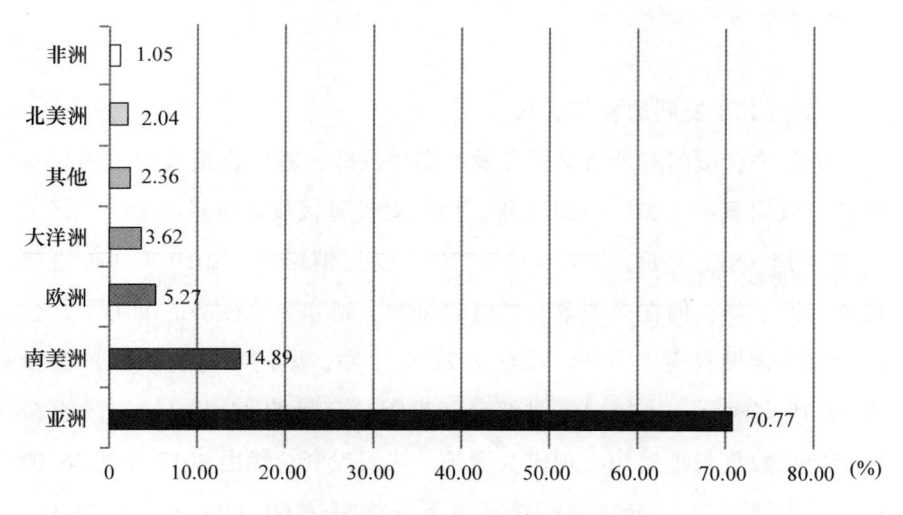

地区	占比(%)
非洲	1.05
北美洲	2.04
其他	2.36
大洋洲	3.62
欧洲	5.27
南美洲	14.89
亚洲	70.77

图7-2 厦门历年累计利用外资分地区占比

注：历年累计金额的单位为万美元，截至2021年。
资料来源：厦门经济特区年鉴。

---

① 直接投资（不含第三地）。

用外资 339 万美元, 外资渠道不断拓宽①。

表7-3　　　　　主要来源地实际利用外资金额　　　　（单位：万元）

	2021（年）	2020（年）	2019（年）	2018（年）	2017（年）
中国香港	1519798	1138976	832639	570889	657980
日本	108001	3419	600	38390	186332
新加坡	51747	33503	78906	3946	22205
英属维尔京群岛	41834	51497	9088	9604	125167
中国台湾（直接投资）	32444	14740	20999	17555	40073
美国	961	1377	3202	7159	9298
中国澳门	490	2535	4219		2950
韩国		239	726		1663

资料来源：厦门经济特区年鉴。

二　OFDI 发展历程与现状

近年来，厦门对外直接投资发展态势良好，对外直接投资规模稳步增长。数据显示，2017—2021 年，厦门对外直接投资流量由 10.92 亿美元增至 14.08 亿美元，增长了 28.97%。受疫情影响，2019 年对外直接投资有所下降，但在多项政府扶持政策的实施和数字经济的助力下，企业对外直接投资逐年回升。截至 2021 年年底，厦门对外直接投资存量为 87.19 亿美元，占福建省对外直接投资总存量的 34.14%。对外直接投资项目数量与规模均实现较快增长，协议投资总额由 2017 年的 26.02 亿美元上涨至 2021 年的 44.07 亿美元，增幅达 69.37%（见图 7-3）。从对外直接投资项目数来看，厦门对外直接投资数整体保持上升态势，2020 年略有下降，但 2021 年上升趋势明显（见表 7-4）。这表明厦门

---

① 金砖国家外资数据来源于《厦门外商投资环境白皮书》。

拥有开拓境外投资市场的需求和内生动力，发展前景广阔。

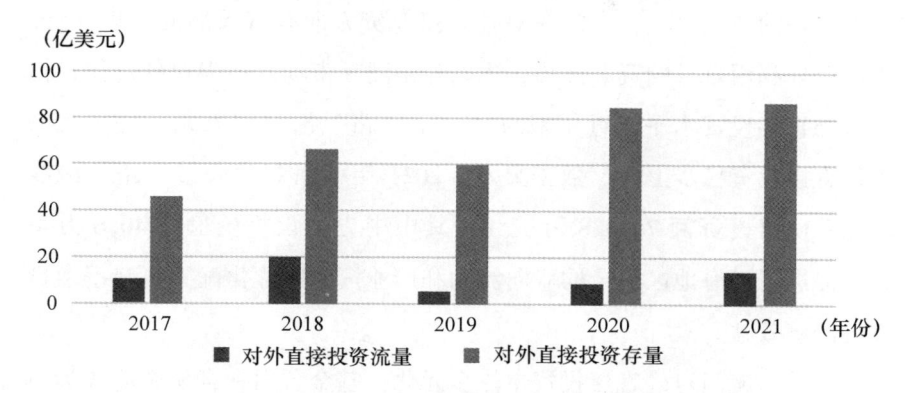

图 7-3　2017—2021 年厦门对外直接投资额

资料来源：中国对外直接投资统计公报。

表 7-4　　　2017—2021 年厦门对外直接投资项目数　　　（单位：个）

年份	2017	2018	2019	2020	2021
备案对外直接投资项目数	82	109	138	115	127

资料来源：厦门经济特区年鉴。

厦门对外直接投资除投资规模不断上升外，投资范围也较为广泛。从行业分布情况看，厦门市对外直接投资产业广泛，涉及批发和零售业、采矿业、制造业、信息传输软件和信息技术服务业等 12 个部门，主要流向制造业、批发和零售业等第二产业部门，涉及第三产业的高技术水平对外直接投资占比相对较少。从投资方式来看，厦门投资方式日益多样化，包括并购、增资、新设等多种项目形式。近年来对外直接投资的大型项目主要包括厦门盈趣科技—瑞士信息服务项目、厦门吉相股权—开曼群岛游戏开发项目、厦门象屿速传供应链公司—香港物流货代项目、厦门象盛—印度尼西亚不锈钢冶炼项目等。

从投资去向来看，厦门对外直接投资地涉及 70 个国家和地区，集中于欧美国家和港澳台等地。自提出"一带一路"倡议后，作为海上丝绸之路的节点之一，厦门在对外直接投资方面有着天然的地理优势。厦门合理利用自身的资源优势，积极开拓国际市场，加强对外合作，提高对外直接投资水平，近年来与"一带一路"沿线国家尤其是东盟的对外直接投资稳步上升。数据显示，2021年厦门对"一带一路"沿线国家总协议投资额7833.8万美元，其中中方协议投资额7740.6万美元。促进了沿海地区资金的双向流动和产业资源的优化配置，获得了良好的经济效益。

另外，厦门对外直接投资主体多元化，基金公司和合伙企业成为对外直接投资的新兴主体，且民营企业对外直接投资在传统行业和新兴产业领域全面铺开，表明厦门对外直接投资较为活跃，民间资本对外直接投资意愿强烈。

三 与同类型城市对比

经济全球化背景下，中国与世界经济深度融合，对外直接投资合作进一步深化。厦门与深圳、苏州、宁波同属"一带一路"节点城市，且地理相近，同属东部沿海城市。那么与全国同类型城市相比，厦门在双向投资方面有哪些异同点？厦门可借鉴双向投资发展较好城市的哪些经验？本部分将分别从外商直接投资（IFDI）和对外直接投资（OFDI）两个角度进行分析，IFDI层面主要关注实际利用外资规模、行业；OFDI层面侧重分析对外投资规模、对外投资结构、对外投资目的地。

（一）IFDI

从实际利用外资规模来看，厦门相较于深圳、苏州还有一定距离，2020年厦门实际利用外资为166.1亿元，而深圳同年达598.9亿元，苏州为382.1亿元（见表7-5）。细分行业来看，三地吸纳外资的主导行业各有分化。在深圳吸收的外资中，租赁和商务服务业，信息传输、软件和信息技术服务业以及科学研究和技术服务业占比最高，深圳凭借不断优化的营商环境以及独特的产业链、供应链优势，一直以来都是外商投资的热土，被投资的行业也具备指引性。苏州主导的为工业、房地产业以及科学研究和技术服务业，苏州毗邻上海，承接了很多优质的外资加工企业，其制造业在全球供应链中的地位非常稳固，外资信心并未受到疫情干扰。厦门排名前四的为工业、批发和零售业、住宿和餐饮业、租赁和商务服务业。仅就2020年情况来看，对标深圳和苏州，厦门在技术密集型行业吸引外资的水平不高，但在2021年已有逆转之势，科学研究和技术服务业势头强劲，2021年利用外资金额为2020年3.5倍。

纵观厦门外资全局，制造业是厦门利用外资的重点领域，近年来逐渐向先进化、高端化转型，在集成电路、平板显示等先进制造业领域利用外资成效明显。日本电气硝子等一批重大外资项目带动厦门制造业向更高层次发展。服务业是厦门吸收外资的主要引擎。2021年，厦门高技术产业实际使用外资额58.26亿元，占比31.3%，同比增长59.4%。目前，高技术产业投资主要集中于电子及通信设备制造业、研发与设计服务领域，尤其是以高技术服务业为主的高技术产业已逐渐凸显出强大的外资吸引力。未来，厦门凭借台湾海峡西岸、闽西南城市群中心的地理位置优势以及优越的营商环境，有望对标深苏，成为外资的新热土。

表7-5　　　　2020年厦门、深圳、苏州实际利用外资情况　　　（单位：万元）

	厦门实际利用外资	深圳实际利用外资	苏州实际利用外资
农、林、牧、渔业			717
工业	578024	297002	1991859
建筑业	207	76023	2924

续表

	厦门实际利用外资	深圳实际利用外资	苏州实际利用外资
批发和零售业、住宿和餐饮业	401398	364569	263322
交通运输、仓储和邮政业	668	403339	110848
信息传输、软件和信息技术服务业	45670	710853	127071
金融业	13001	465664	47689
房地产业	93084	207370	737001
租赁和商务服务业	380556	2653837	149446
科学研究和技术服务业	64276	678090	362769
卫生工作和社会工作	1900	545	490
教育、文化、体育和娱乐业		128443	910
其他行业	81685	2980	26320
总计	1660469	5988715	3821366

注：深圳、苏州披露的是以美元计的实际利用外资额，本书依据2020年人民币对美元的汇率中间价平均值6.8974进行换算。

资料来源：厦门经济特区年鉴，深圳统计年鉴，苏州统计年鉴。

（二）OFDI

自对外投资管理体制转为备案制以来，各地境外投资呈现迅猛的发展态势，企业"走出去"的意愿强烈。从投资规模方面来看，四个城市的对外投资规模差距较大。

从数据来看，2021年深圳市对外直接投资流量为87.16亿美元，苏州为32.54亿美元，宁波为26.07亿美元，厦门为14.08亿美元（见表7-6）。与厦门同为国家经济特区的深圳市，对外投资规模处于全国领先行列。截至2021年年底，深圳市对外直接投资存量为965.7亿美元，位列全国第二，占广东省对外直接投资存量的58.3%，累计实际投资额624.76亿美元，累计中方协议投资额724.93亿美元，远超厦门、苏州等城市，投资范围广、规模大。其次是苏州和宁波，厦门在总量上处于落后地位，对外投资仍有广阔的发展空间。

表 7-6　　　　　　　　　2021 年各城市对外投资对比

城市	对外投资规模（亿美元）	对外投资行业	对外投资主要目的地
厦门	14.08	制造业、批发和零售业	欧美和港澳台
深圳	87.16	租赁和商业服务业、批发和零售业	新加坡、越南、匈牙利、中国香港
苏州	32.54	有色金属矿采选业、医药制造业、信息传输、软件和信息技术服务、批发和零售业	越南、以色列、泰国、印度尼西亚
合肥	—	电力、热力生产和供应业（不含燃煤电站）、非金属矿物制品业	新加坡
宁波	26.07	制造业、批发和零售业	新加坡、中国香港

资料来源：厦门经济特区年鉴，深圳统计年鉴，苏州统计年鉴，合肥统计年鉴，宁波统计年鉴。

从投资结构来看，厦门对外投资行业中制造业、批发和零售业占据主导地位，近年来投资结构持续优化，信息传输、软件和信息技术服务业、租赁和商业服务业投资占比有所上升，与深圳和宁波的对外投资结构较为相似。苏州对外投资主要行业集中在有色金属矿采选业，医药制造业，专用设备制造业和通信设备、计算机及其他电子设备制造业等第二产业，以及信息传输、计算机服务和软件业，批发和零售业，科学研究、技术服务和地质勘查业等第三产业。合肥则依托本市电力产业，加快向境外投资电力、热力生产和供应业（不含燃煤电站），主要以光伏新能源产品和电站建设为主。

从投资去向来看，作为"一带一路"的重要节点，四个城市均与"一带一路"沿线国家保持着密切的经贸往来。随着"一带一路"倡议的深入实施，企业日益踊跃地在"一带一路"沿线国家投资。深圳对外投资主要目的地包括新加坡、越南、匈牙利等国家，2021年1—11月合计投资1.67亿美元，同比增长117%，对外承包工程项目合计新签合同额61.67亿美元，新签千万美元以上项目33个。其中，中金岭南多米尼加迈蒙矿采选工程、深圳能源集团加纳燃气联合循环、中国—越南（深圳—海防）经贸合作区等项目纳入国家"一带一路"重大项目。此外，中国香港也是深圳对外投资热点地区。

苏州对外投资较为集中的国家有越南、以色列、泰国、印度尼西亚等"一带一路"沿线国家，其境外投资量始终占据苏州对外投资总量的20%以上。合肥的对外投资主要流向新加坡，在新加坡累计投资1.76亿美元，约占当期累计实际投资额的43%，宁波对外投资则流向新加坡和中国香港。厦门的对外投资地集中于欧美和港澳台等传统地区，"海上丝绸之路"沿线国家占比下降。借助中欧班列，厦门大力发展服务外贸、电子商务等，加强与欧洲国家的双向投资，商贸流通速度加快。

四　与省内主要城市对比

（一）IFDI

从规模来看，2021年，厦门市合同项目数、合同外资、实际使用外资规模均居全省首位（见表7-7）。具体到行业，我们将合同金额、外资金额量级相近的厦门与福州进行对比，由于福州年鉴中只披露了六大行业的外商直接投资合同金额，为了方便比较，我们对厦门合同外资的细分行业进行了加总，结果如表7-8所示。仅对于这六大行业，福州市在交通运输业、仓储和邮政业，信息传输、软件和信息技术服务业方面吸纳外资能力较强，厦门主要集中在制造业层面。然而上述六大行业并未囊括厦门市吸引外资真正的增长点，实际上，厦门市服务业吸引外资主要集中在租赁和商务服务业、科学研究和技术服务业等资本、技术密集型行业，其中2021年科学研究和技术服务业合同金额达到1052941

万元，为 2020 年同期合同金额的 2.6 倍，为疫情前 2019 年的 2.4 倍，实现了飞速增长。随着厦门市在知识、信息、技术等方面的大力投资和政策支持，未来外资将会加快流入相关的技术密集型服务业。

表 7-7　　　　2021 年福建省各市外商直接投资情况

	合同数（份）	合同外资金额（万美元）	实际使用外资金额（万美元）
厦门	1135	676107	272568
福州	467	602502	117118
泉州	509	150457	48629
漳州	135	45230	19615
莆田	42	33710	10618
龙岩	57	15549	3501
南平	40	4533	3411
三明	56	14724	2903
宁德	23	9823	2120

资料来源：福建统计年鉴。

表 7-8　　　2021 年福州市、厦门市合同外资金额　　　（单位：万元）

	2021 福州合同金额	2021 厦门合同金额
农业	22480	27657
制造业	109376	436875
建筑业	68895	3601
交通运输仓储和邮政业及信息传输、软件和信息技术服务业	846530	184268
批发和零售业及住宿和餐饮业	899159	119500
房地产业及公用事业服务业	126342	244746

资料来源：厦门经济特区年鉴，福州统计年鉴。

（二）OFDI

厦门是全省对外直接投资的主体，其他省内城市如福州、泉州等均体量较小，漳州等地甚至没有对此进行统计。因此，从省内对外直接投资实践来看，其余城市均无法与厦门形成比较。以 2021 年为例，表 7-9 从合同数和协议金额展示了三个城市之间的差距。

表 7-9　　　　　　2021 年福建省各市外商直接投资情况

	合同数（份）	协议金额（亿美元）
厦门	127	44.1
福州	36	5.2
泉州	12	0.3
全省	262	—

资料来源：各城市及福建省国民经济和社会发展统计公报。

其中，厦门对"一带一路"沿线国家投资项目 30 个（主要集中在东盟），总协议投资额 7833.8 万美元，其中中方协议投资额 7740.6 万美元，产业主要在制造业、批发和零售业。股权置换、小股权投资等多元化投资合作进一步显现，基金投资公司及合伙企业成为对外投资的新兴力量。

第二节　投资环境对厦门双向 FDI 的影响机制分析

投资环境既是双向 FDI 投资地区选择的重要条件，也是双向 FDI 作用于产业发展的经济环境[①]。因此，投资环境决定了厦门对跨国企业进

---

① 王昊、张书齐、吴思彤等：《中国城市更新投资环境指数模型构建与实证研究》，《城市发展研究》2023 年第 3 期。

行国际直接投资的吸引力,同时决定了双向 FDI 产业结构优化升级的效果。

一 贸易发展环境

一个地区的贸易发展水平是对外开放程度的重要体现。该地区与世界经济往来越频繁,经营管理方式和标准就越符合国际化标准。交易规则和交易方式的国际化有助于减少国际直接投资跨国经济活动的交易成本和制度成本[①]。因此,贸易发展水平越高,越有助于厦门吸引 IFDI 流入。除此之外,贸易越发展,其商品和要素的全球化配置越能够改善该地区的经济资源配置效率,提高经济发展水平和产业发展水平,越有助于充分发挥国际直接投资对产业结构优化升级的促进作用。另一方面来看,贸易和投资是跨国企业参与国际经济活动的两种方式,两者之间具有一定的替代性。国际贸易便利化和自由化有可能减少跨国企业境外投资生产[②],而对外贸易壁垒增加,可能促使跨国企业选择以海外生产、属地直接销售的方式,避免对外贸易摩擦(见图 7-4)。

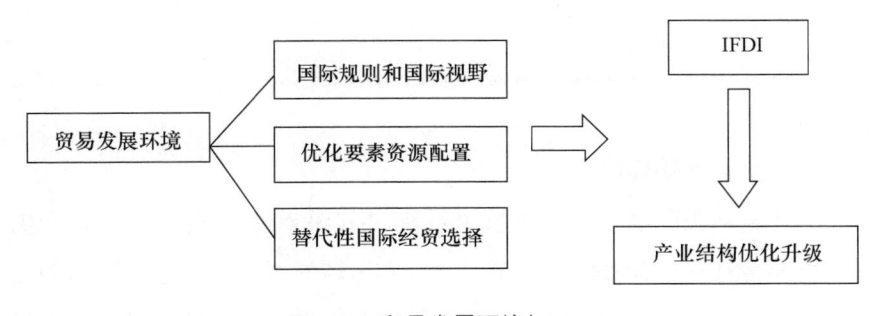

图 7-4 贸易发展环境与 IFDI

[①] 齐俊妍:《金融发展与贸易结构——基于 HO 模型的扩展分析》,《国际贸易问题》2005 年第 7 期。

[②] 杨军、黄洁、洪俊杰等:《贸易便利化对中国经济影响分析》,《国际贸易问题》2015 年第 9 期。

贸易发展环境对厦门 OFDI 产生的重要影响可概括为产业比较优势升级效应、贸易壁垒倒逼效应以及外汇储备积累效应。其一，产业比较优势升级效应是指企业通过参与对外贸易能够快速了解国际产业发展前沿，有效引进国外高端生产线，学习、消化并改进先进生产技术，以此增强本国企业和产业发展的对外竞争力，进一步扩大对外直接投资实力。其二，贸易壁垒倒逼效应是指各个国家间的贸易摩擦以及贸易壁垒的存在，迫使企业采取对外投资的方式，减少贸易壁垒的压力，在国外投资建厂，将对外出口转化为跨境机构的属地内销。其三，外汇储备积累效应，对外贸易顺差的积累，促进了外汇储备增加，这为企业开展"走出去"的国际直接投资提供了资本保障（见图 7-5）。

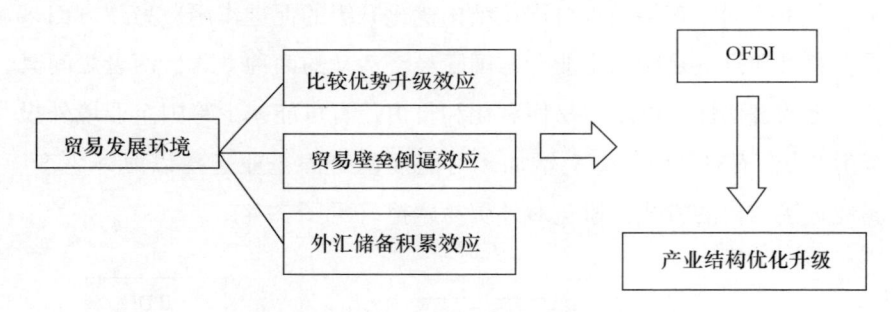

图 7-5　贸易发展环境与 OFDI

二　金融发展环境

当地金融服务水平与服务效率对厦门 IFDI 产业结构优化升级产生显著影响。其一，金融作为经济活动有效运转的血液，当地金融活动交易规则与国际资本流动规则越匹配，越有助于降低国际直接投资的交易成本，有助于减少投资风险，提高投资回报率，从而吸引 IFDI 流入。其二，金融发展水平越高，越有助于提高交易效率，增强经济活力，提高外资的投资回报率，从而吸引 IFDI 进入。其三，金融发展有助于增强产业关联，有助于发挥 IFDI 进入后引发的产业关联效应，有助于释放技术溢出优势，促进 IFDI 产业结构优化升级效应的发挥。其四，高效率的金融服务能够有效缓解外商直接投资在东道国投资行业结构不合理的问题，促进外商资本快速调整，能够有效推进 IFDI 产业结构合理化发展，促进产业迈向高级化和服务化（见图 7-6）。

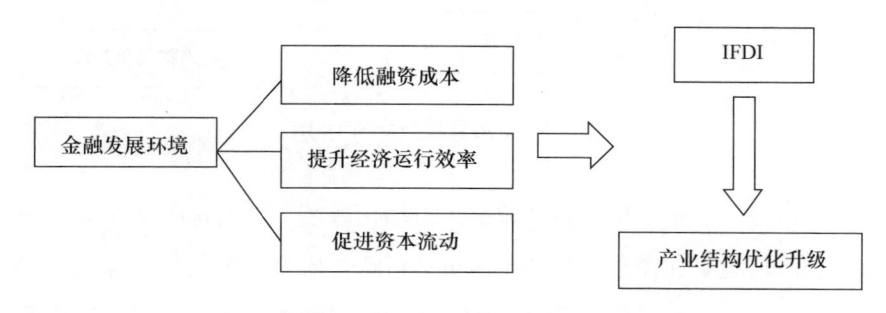

图 7-6　金融发展环境与 IFDI

金融发展环境能够影响厦门 OFDI 企业融资约束、降低投资风险以及弥补国内产业发展资本，从而影响 OFDI 的产业结构优化升级效应。其一，金融发展水平越高，企业获取资金越容易、成本越低，有助于缓解企业融资约束，为企业 OFDI 提供资金支持。其二，金融发展水平越高，越有助于熟悉国际市场资本运作规则，加强国际投资的金融风险管控能力，推动本国企业积极"走出去"，从而有助于发挥 OFDI 的产业结构优化升级效应的发挥。其三，金融发展水平越高，金融市场活力越强，有助于快速补充资本流出后本地产业发展资本不足的问题，有助于缓解 OFDI 造成的产业发展空心化等问题。由此来看，金融发展有助于减弱资本外流的消极效果，有助于发挥 OFDI 对产业结构优化升级的促进效果（见图 7-7）。

三　市场经济环境

改革开放以来，厦门坚定不移全面深化改革、扩大开放合作，逐步

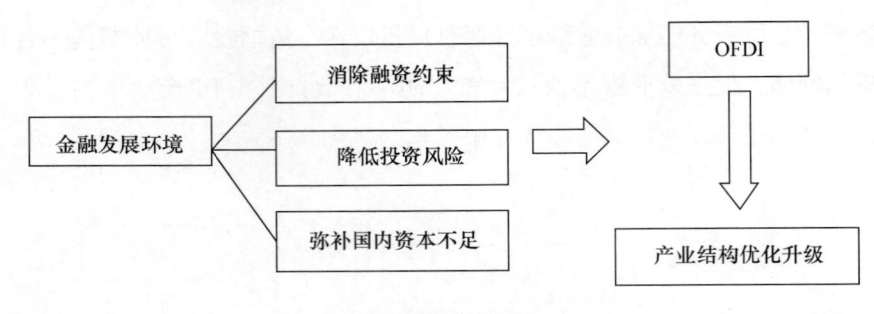

图 7-7　金融发展环境与 OFDI

在产品市场、要素市场等各领域推进市场化改革。市场化改革使厦门的市场经济环境更加完善，市场主体更加活跃，成为中国最具有投资吸引力的地区之一。市场化水平对 IFDI 吸引力以及对 IFDI 产业结构优化升级效应的影响主要是通过提高资源配置效率、塑造公平竞争环境与营造国际化市场环境三方面实现的。其一，提高资源配置效率。市场经济环境改善能够促进产品和要素流动，改进资源配置效率，提高投资预期收益，提高对 IFDI 的吸引力。其二，塑造公平竞争环境。较高的市场化水平往往意味着相对完善的法治环境改善和较低的政府干预，生产要素往往都能够按照价格机制公平竞争，因此具备较高的经济运行效率。其三，营造国际化市场环境能够增强企业适应能力。市场化水平越高，通常意味着市场环境越趋近于国际化、标准化，与国际市场接轨的市场环境能够减少外资企业进入市场的适应时间和适应成本，降低企业的投资风险（见图 7-8）。

市场经济环境越好，越有利于发挥厦门 OFDI 对产业结构优化升级的影响。一方面，市场经济环境改善，有利于提高国内企业竞争力，有助于提高国内资本的竞争优势，降低"走出去"资本的融资成本，有助于国内资本"走出去"；另一方面，本地市场经济水平越高，越有利于发挥逆向技术溢出效应和产业关联效应，有助于 OFDI 推动产业结构

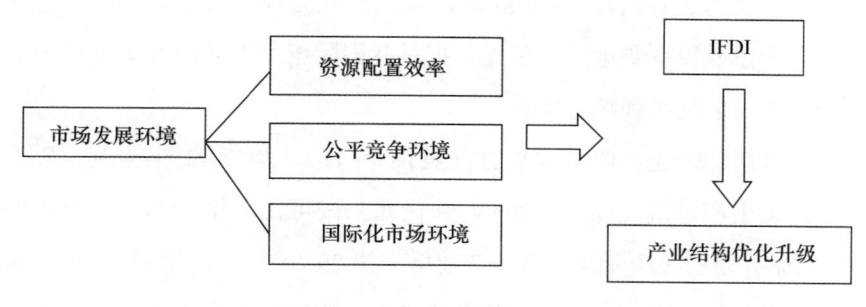

图 7-8　市场经济环境与 IFDI

优化升级。由此来看，市场化水平提高既能够扩大 OFDI 规模，又能够有助于充分发挥 OFDI 产业结构优化升级效应（见图 7-9）。

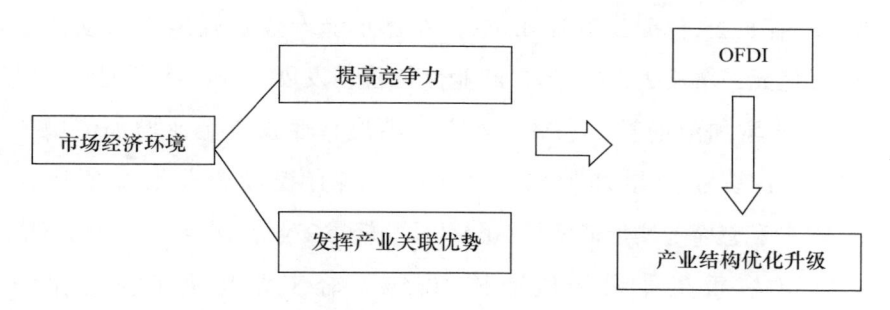

图 7-9　市场经济环境与 OFDI

四　产业结构发展环境

产业是发展的基础，是经济的命脉，是城市综合实力的重要体现。厦门积极贯彻落实党中央、国务院关于推动产业高质量发展的决策部署，把握全球新一轮科技革命和产业变革趋势、提升现代化产业体系竞争力的重要战略机遇期，立足厦门资源禀赋和功能定位，一个全新的"4+4+6"现代化产业体系正在打造出炉。2022 年，市委、市政府印发《厦门市统筹推进现代化产业体系实施方案》，明确了各重点发展产业的目标任务、重点方向和路径措施等，力争到 2027 年，四大支柱产业集群总规模达 3 万亿元，4 个战略性新兴产业总规模突破 8000 亿元，6 个未来产业取得重要进展，形成一批具有国际竞争力的产业集群，全面提升产业发展能级和综合实力。

从厦门的产业产值结构来看（见图 7-10），以 2021 年为例，厦门实现地区生产总值（GDP）7033.89 亿元，按可比价格计算，比上年增长 8.1%。分三次产业看，第一产业增加值 29.06 亿元，增长 5.3%；第二产业增加值 2882.89 亿元，增长 6.7%；第三产业增加值 4121.94 亿元，增长 9.0%。三次产业结构为 0.4∶41.0∶58.6，产值结构不断优化。其中，第一产业保持稳定，农业产值 29.25 亿元，增长 1.2%；林业产值 0.15 亿元，下降 14.1%；牧业产值 13.10 亿元，增长 20.7%；渔业产值 8.25 亿元，下降 4.5%；农林牧渔专业及辅助性活动产值 11.26 亿元，增长 2.5%。第二产业保持稳步发展，分经济类型看，股份制企业增加值增长 17.1%，外商及港澳台商投资企业增加值增长 6.9%（台资企业增加值增长 4.1%）；国有控股企业增加值增长 10.4%，私营企业增加值增长 20.5%。分轻重工业看，轻工业增加值增长 14.4%，重工业增加值增长 10.5%，轻工业与重工业之比为 1∶1.68。第三产业保持稳增态势，聚焦服务业重点领域和发展短板，厦门推动研发设计、科技服务、商务服务、法律服务、现代物流、检验检测等生产业向专业化和价值链高端延伸，鼓励各类市场主体参与服务供给；推动教育、健康、育幼、养老、文化、家政、体育、物业等生活业向高品质和多样化升级，加强公益性、基础业供给。

就业是民生之本，是关系经济发展和社会稳定的根本问题。随着厦门常住人口总量的持续增长，劳动适龄人口也呈现逐年增长态势，人口发展处于劳动力资源丰富的"人口红利"期。产业就业结构，从以第二产业为主正在向第二产业和第三产业双中心就业转变（见表 7-10）。

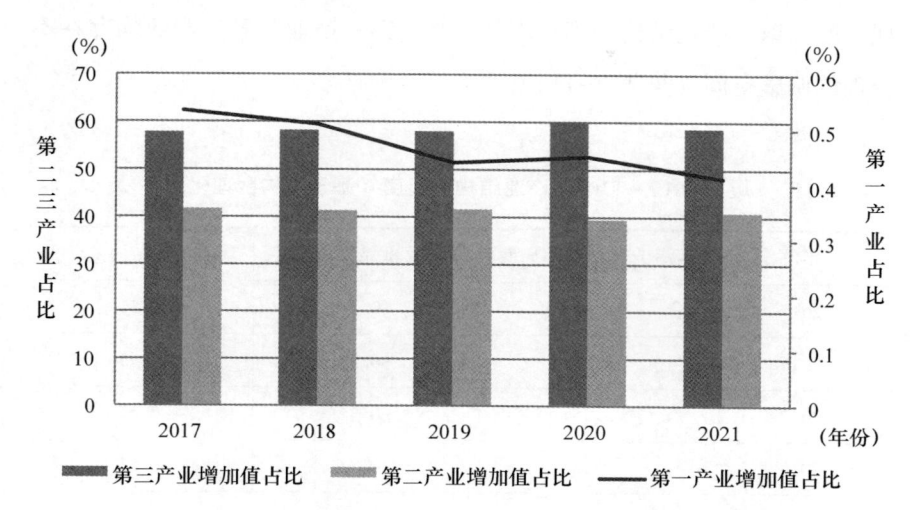

图 7-10　厦门 2017—2021 年第一、第二、第三产业增加值占比
资料来源：《厦门市国民经济和社会发展统计公报》。

表 7-10　厦门 2015—2019 年第一、第二、第三产业就业人数占比　（单位：%）

年份	第一产业就业人员占比	第二产业就业人员占比	第三产业就业人员占比
2015	13.00	64.05	35.82
2016	11.00	63.22	36.67
2017	11.00	62.43	37.46
2018	11.00	62.23	37.66
2019	1.00	52.92	47.07

资料来源：wind。

产业结构偏离度是从产业产值结构与就业结构是否对称的角度考察产业结构合理化的量化指标。一般来说偏离度值越小，表明产业与就业发展越均衡；偏离度值越大，表明就业结构与产业结构越失衡，彼此发展不同步。按照：结构偏离度=（某产业占 GDP 比重/同期该产业就业比重）-1，对厦门 2015—2019 年的产业结构偏离度进行计算。可以发现，厦门第二产业结构合理化水平较高，第一产业和第三产业均存在不合理的调整空间（见表7-11）。

表7-11　厦门2015—2019年产业结构偏离度（基于结构合理化水平）

年份	第一产业结构偏离度	第二产业结构偏离度	第三产业结构偏离度
2015	4.00	−0.31	0.54
2016	4.45	−0.32	0.53
2017	3.55	−0.31	0.51
2018	2.33	−0.33	0.55
2019	39.00	−0.23	0.26

进一步，采用某一产业的就业比重与增加值比重之差衡量厦门2015—2019年的产业结构偏离度。计算出来的偏离度绝对值越大，就业结构与产业结构越不平衡，产业结构的经济效益越低。产业结构偏离度大于0，就业比重大于产值比重，劳动生产率较低，存在劳动力转出的推力；产业结构偏离度小于0，就业比重小于产值比重，劳动生产率较高，存在劳动力转入的引力。从结果可以看出，未来第三产业是吸纳就业的主要出口，第二产业改善就业与产业结构的核心在于提升劳动生产率（见表7-12）。

表7-12　厦门2015—2019年就业与产业结构偏离度（基于经济效益水平）

年份	第一产业结构偏离度	第二产业结构偏离度	第三产业结构偏离度
2015	−0.58	20.55	−19.98
2016	−0.49	22.02	−21.53
2017	−0.42	20.70	−20.27

续表

年份	第一产业结构偏离度	第二产业结构偏离度	第三产业结构偏离度
2018	-0.39	20.90	-20.50
2019	-0.43	11.32	-10.89

此外，对产业结构层次系数进行计算。分别给不同产业按照从低到高的顺序排序，并赋予权重，例如第一产业赋予 w=1 的权重（层次较低，所以权重值小）；第二产业赋予 w=2 的权重；第三产业赋予 w=3 的权重。如果想比较地区的产业结构有无上升等，就可利用地区产业结构层次系数，如：

$$A = GDP.1/GDP \times 1 + GDP.2/GDP \times 2 + GDP.3/GDP \times 3$$

其中分子 GDP.1 表示某地区某年的第 1 产业 GDP 产值，分母 GDP 表示某地区某年的 GDP 产值；如果 A 值变大，说明产业结构上升。从 2015—2019 年的数据来看，厦门产业结构呈现逐年上升的趋势（见图 7-11）。

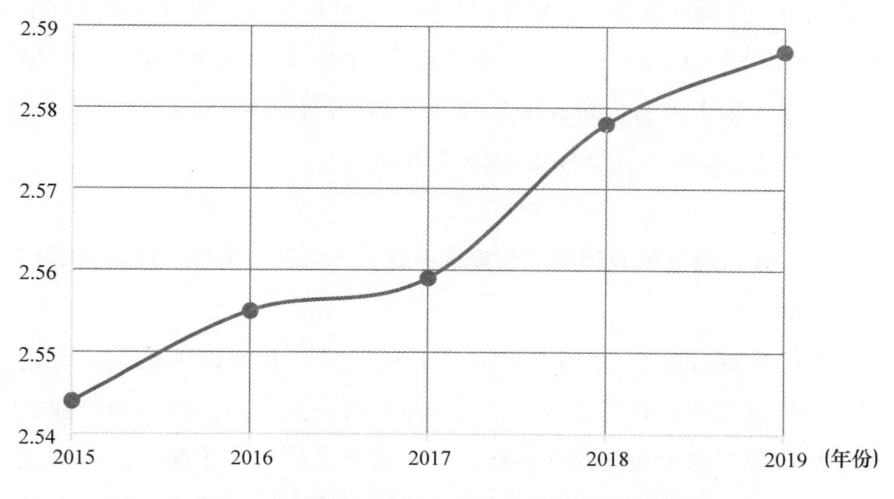

图 7-11　厦门 2015—2019 年产业结构层次系数

第三节　厦门利用外资和对外投资面临的主要挑战

厦门利用外资和对外投资水平在福建省内居首位，实际使用外资规模、对外直接投资规模、增速等，均显著高于福州、泉州等城市。2022年1—4月，厦门实际使用外资118.6亿元人民币，同比增长32.8%，占福建全省比重56%。但与国内苏州、深圳这些同质城市相比，厦门引进外资的数量和质量都存在差距。当前厦门主要存在以下挑战。

一　如何应对全球产业链供应链出现同盟化、区域化和近岸化的趋势

此次突如其来的疫情引发全球产业链暂停或中断，暴露了全球化产业链过度国际分工的脆弱性和安全性问题，触发各国对产业链政策作出一定调整，考虑产业链去全球化同时向多区域化发展，并布局减少对中国制造业依赖的产业链转移。受此大环境影响，厦门的制造业外商直接投资出现大幅下降，合同数从2018年的58个下降到2021年的30个，金额也从1574246万元骤减到436875万元。

二　如何通过投资破解产业集群不强、产业链条偏短、腹地市场局限的局面

厦门重点打造的12条千亿元产业链，虽有8条超千亿元，但这些产业链与深圳、苏州等城市横向比较仍有一定差距。现有的产业链条较短，分工和专业化程度不高，产业前后关联效应不强，没有构成完整的产业链，企业之间上中下游关系不是十分紧密。产业聚集和带动能力有待提高，大型企业少、龙头企业少、制造业少、成长型企业少，这在相当程度上影响了产业集群的经济绩效，影响了产业链的升

级和集群竞争力的整体提升。产业结构性矛盾突出，产业集群内的分工协作主要偏向于强调制造环节、工序流程、上下游产品之间的互补，而实体经济发展急需的金融、保险、物流、科技信息服务等生产性服务业，在供给、服务和可持续发展方面均有待提升。产业集群创新能力比较薄弱，主要表现为企业科研力量投入不足、自主创新平台较少、高素质的专业技术人才缺乏、科研成果转化率较低。此外，厦门经济基础相对薄弱，GDP 水平在全国主要城市中排名第三十位之后，在省内也落后于泉州和福州。同时，厦门产业结构中第三产业占比超 60%（与深圳等一线城市相当），但是经济总量和发展水平之后，这种跨阶段的产业结构导致第二产业体量偏小、支撑作用不够强大。加上厦门经济发展的市场腹地较小，人口数量和市域面积有限，对吸引高质量外资带来制约。

三 如何推进厦台融合发展的挑战

核心问题是如何继续保持对台资的吸引力，同时鼓励现有投资龙头企业增资扩产、转型升级。台商投资是厦门外资的重要组成部分，近年来台商的投资步伐已明显放缓，电子资讯产业投资重心转向以上海为中心，苏南、浙北为两翼的长江三角洲，包括苏州、无锡、常州、杭州、宁波等地；中西部地区，以其优惠的投资政策、丰富的自然资源和廉价的劳动力，尤其是目前随着能源的紧缺，中西部能源资源丰富的市场潜力，对台商也形成了不小的吸引力。此外，厦门的台资企业多以独资方式经营，产业外向关联度大，虽然在原材料、零部件采购、人才任用、研发、融资等方面出现了一定的本地化倾向，实际上未真正融入当地经济，与厦门经济缺乏内在有机联系。所呈现的产业集聚也主要是集聚内的企业之间以及集聚内企业与台湾或海外企业之间存在网络化的紧密联系，与厦门相关产业的关联效应不高。

第四节 相关政策建议

厦门产业发展的核心不在于强调产业结构高级化,应更注重稳定制造业比重,筑牢实体经济根基,集中力量把新能源、生物医药等新兴产业能级提升到新水平。高水平利用外资的核心目标是助力构建"4+4+6"产业体系,壮大综合实力。因乌克兰危机导致的能源危机、欧元贬值,叠加生产成本上升、市场竞争压力增大等因素,越来越多的欧洲制造业企业选择外迁至中国。厦门若能依托与欧洲现有经贸合作基础,聚焦输配电、新能源汽车及智能网联汽车、航空维修及再制造三大领域,抓重点、分步骤,加大招引力度,促进更多欧洲先进制造业项目落地,将有助于厦门集聚新优势、补齐产业链、提升产业强度和保障供应链稳定。

一 稳定制造业外资比重,筑牢实体经济根基

一是综合评估厦门吸引制造业外资的优势,原材料供应、交通运输条件、劳动力条件、市场条件均成为制造业投资选址落地需要考虑的重要因素,特别是劳动力成本与生产力水平之间的平衡。二是着力推进上下游产业链配套和产业集群运作,如通过冠捷科技、电气硝子三期项目带动平板显示产业上游产品进一步优化升级,引导支柱产业支撑未来产业发展。三是加强区域合作,面对全球经贸格局变化导致的产业链供应链区域化和短链化,省内加强与福州和泉州形成平台联盟和资源共享,对外加强与 RCEP 的区域合作。三是推动外企形成"地产地消",在厦门打造一条从设计、研发、生产到销售,相对独立的供应链,加快引进产业生态主导型企业以及具有全球较强竞争力和高成长性的优势企业,加强关键零部件研发制造、系统集成能力建设。四是提升产业链供应链自主创新能力,对产业链供应链按照"4+4+6"产业体系布局进行重点引资规划,加强产业关键核心技术的零部件研发制造、系统集成能力建

设，优先引进涉及"卡脖子"关键技术、首台（套）重大技术装备、首批次新材料研发和推广应用的外资，提升关键基础材料、核心基础零部件（元器件）、先进基础工艺等产业技术基础发展水平，补齐产业基础短板和关键缺失环节。

二 强化对外商投资和企业"走出去"的金融支持

与中部郑州、合肥等城市不同，厦门作为传统的开埠地区，自古就有包容开放的文化传统，也因此积累了特殊的金融底蕴。在对外开放的过程中，应进一步发挥这种金融优势。一是支持金融机构提供全链服务，针对"链主"级外资企业和对外投资企业实施"一企一策"，为上下游企业对外和对厦投资打造"1+N"全方位金融服务方案，保障产业链供应链关键环节企业的资金支持。二是发挥金融机构的主观能动性，对于外商制造业投资企业应提供完善的金融服务，对进入中国进入制造业投资的外商企业深入调研，了解具体情况，掌握其资金运行状况，降低金融服务门槛，提供有效的间接融资与直接融资服务。三是助力科技创新型外资企业科技攻关和科研成果转化，结合外商制造业投资企业的科技转化所能形成的巨大生产能力以及市场潜能来提供及时、有效的金融服务，避免金融服务的脱节，激励外商制造业投资企业大胆进行科技创新和科技成果转化，使外商制造业投资企业焕发生机与活力。四是开展跨国公司本外币一体化资金池试点，借鉴深圳人民银行的成功经验，实现跨国公司集团内跨境本外币资金一体化管理，提高企业资金归集、调拨效率，助力企业增加财务收入，降低成本，并打通意愿购汇路径。五是成立对外直接投资基金和配套政府金融政策支持，对接好企业的对外投资资金需求。

三 挖掘现有台资公司的发展潜力，使台商投资真正融入厦门经济

一是构建本地企业与台资企业协作配套关系需求，促进两地企业之间的业务协作、资源共享和系统集成，通过企业协同、上下游协作联动，形成良好的产业链互动机制。二是与台湾形成产业和市场互补，台湾把产业升级的方向定为向产业链中高附加值的上游研发、创造和下游增值型服务方向发展，但是这些都要有中游生产制造作为支持，厦门所具备的良好环境为台湾中游生产制造业的壮大发展提供了条件。三是积极营造台商产业集聚发展所需要的环境，除创造必要的硬环境外，在自然环境、气候、地理位置、劳工等初级生产要素的重要性有所下降时，政府作用和效率、市场机制、人力资源等高级生产要素（软环境）的改善更是重中之重，应以技术创新为核心，加快民营经济的发展，着重培育相关产业配套环境。四是吸引台资的战略从注重比较优势向注重竞争优势和技术创新转变，通过精准补贴、税收优惠等政策措施来降低企业研发活动的风险，从关注优惠政策和投资环境的改善转向注重培育产业配套环境，与台资企业形成分工互补、有机协作关系。

四 政府加强引导，调整对外投资分布

根据厦门"十四五"规划和经济发展战略背景，对厦门企业"走出去"进行总体规划、组织协调，主动引导企业对外投资的行业分布和地区选择。一是鼓励制造业企业、现代服务企业加大对技术领先国家进行战略投资，通过跨国并购、组建海外研发中心等方式，促进国际先进科学技术知识融合发展，发挥对外投资的逆向技术溢出效应，促进厦门产业技术高级化发展。二是借力"一带一路"发展战略的东风，通过向其他国家转移相对过剩的生产能力进行"腾笼换鸟"，延长国际产业价值链条，释放生产要素，为厦门战略性新兴产业发展和朝阳产业成长提供要素空间。三是发挥国有企业在"出海"中的积极带动作用，鼓励它们先行一步大力建设国外产业园区，解决民营企业出海的后顾之忧，激发民营企业的投资积极性。

五 把握欧洲制造业迁移机遇，吸引更多优质项目落地发展

厦门应继续深化与欧洲的投资合作，同时加快发展当地先进制造业。坚持补齐产业链、提升产业强度和保障供应链稳定与引进人才和技术，共同推动产业升级。政策重点关注输配电、新能源汽车和智能网联汽车、航空维修及再制造等优势产业和高端资源，致力于吸引更多优质项目落地发展。

第八章

厦门探索海峡两岸经济领域
融合发展新路研究

第一节 贯彻新时代党解决台湾问题总体方略，加大发挥对台战略支点作用

党的十八大以来，习近平总书记就对台工作提出一系列重要理念、重大政策主张，形成新时代党解决台湾问题的总体方略[①]。党的二十大报告指出，"坚持贯彻新时代党解决台湾问题的总体方略，牢牢把握两岸关系主导权和主动权，坚定不移推进祖国统一大业"[②]，报告强调"我们始终尊重、关爱、造福台湾同胞，继续致力于促进两岸经济文化交流合作，深化两岸各领域融合发展，完善增进台湾同胞福祉的制度和政策，推动两岸共同弘扬中华文化，促进两岸同胞心灵契合"[③]。

---

① 《中共中央关于党的百年奋斗重大成就和历史经验的决议》单行本，人民出版社2021年版。

② 习近平：《高举中国特色社会主义伟大旗帜　为全面建设社会主义现代化国家而团结奋斗——在中国共产党第二十次全国代表大会上的报告（2022年10月16日）》，人民出版社2022年版，第58页。

③ 习近平：《高举中国特色社会主义伟大旗帜　为全面建设社会主义现代化国家而团结奋斗——在中国共产党第二十次全国代表大会上的报告（2022年10月16日）》，人民出版社2022年版，第59页。

厦门提出对台战略支点的定位，首先是基于党中央对台大政方针的深刻理解，其次是对自身对台交流合作综合优势的充分认识。厦门的对台区位优势突出，厦台仅一水之隔，主要城市间的海运可"夕发朝至"，厦门自古就是华侨出入的主要门户，与台湾血缘相亲、语言相通、习俗相同，"两岸一家亲"的传统源远流长。除了有利的自然条件，厦门的对台优势还在于长期主动作为、善于作为积累的丰富的对台工作成效。改革开放以后，厦门坚决贯彻党中央、国务院因台而设经济特区的战略意图，敢为人先，勇立潮头，大力拓展厦台经贸合作、文化交流和直接往来，厦台交流合作实现了三次里程碑式的跨越。第一次跨越是成立厦门经济特区。在沙地上建起的湖里工业区，见证了第一家外资企业入驻、第一个台商投资、第一份外单签订。1984年经济特区范围扩大到厦门全岛，在经济特区建设初期，台商投资突破0，三资企业工业总产值突破0，对台贸易总值增加数倍，并且开启了两岸人员往来的大门。第二次跨越是三个国家级台商投资区在厦门设立①。台商来厦投资规模不断扩大，投资领域不断增多，台商投资区大力引进优质台资企业和优秀台湾人才，积极发挥产业辐射带动作用，成为两岸交流合作的重要平台。截至2017年年底，厦门累计批准台资项目6106个，实际使用台资占福建省总量的70%左右，厦门成为福建省最大的台资企业聚集区和台商密集区。厦门对台进出口贸易额达到387.9亿元，约占全国对台贸易总额的1/30，居东南沿海城市群前列，厦门成为大陆最重要的对台贸易口岸之一。海峡论坛、文博会、旅博会、工博会等重大活动持续扩大影响力，厦门成为两岸人文交流最活跃的地区之一。厦金航线旅客量屡创新高，两岸海运快件数倍增长，厦金海底光缆连接两岸通信网络，厦门成为两岸直接往来便捷高效的黄金通道。自2018年起，厦门

---

① 1989年5月，国务院正式批准杏林地区、海沧地区为台商投资区，1992年增设集美台商投资区。

"全力打造对台交流合作战略支点",厦台交流合作迎来第三次跨越。厦门实际利用台资、对台进出口贸易稳健增长,台湾成为厦门的第四大贸易伙伴。厦台产业合作取得突破性进展,获批建设海峡两岸集成电路产业合作试验区、数字经济融合发展示范区,两岸集成电路产业园获评国家级科技企业孵化器。作为两岸"三通"的试验性准备,厦金"小三通"稳定运营,厦金通电、通气、通桥厦门侧进展顺利。"惠台"落到实处,出台首个地方版台胞台企同等待遇政策,率先实现台胞按内资企业注册公司,设立首支全国性台商基金,多家在厦台企在A股上市。国家级两岸青创基地和海峡两岸交流基地在厦设立,吸引越来越多台湾人才和团队来厦创业就业。

当前至"十四五"时期末,厦门的对台工作应服从服务于深化两岸融合发展的国家战略,努力扩大制度创新优势,在更大范围、更宽领域、更多途径上推进厦台融合,加大发挥对台战略支点作用。

第二节 以城市发展战略为引领,深化厦台融合发展

改革开放前的厦门是东南沿海的海岛小城,随着经济特区建设带动厦门本岛大发展,世纪之交的跨岛发展战略推动岛内外一体化,美丽厦门战略促进山海城融合,如今的厦门已经成为展现中国社会主义现代化建设和改革开放成就的重要窗口城市。在城市发展过程中,厦门逐渐构建起高水平综合性对外开放格局,对台工作重心提升到推动厦台融合发展的新高度。厦门面向2035年的远景目标是成为高素质高颜值现代化国际化中心城市,率先实现全方位高质量发展超越,率先基本建成社会主义现代化强国的样板城市。"十四五"时期,以提升城市综合竞争力和中心城市能级为目标导向,厦门聚焦国际航运中心、国际贸易中心、国际旅游会展中心、区域创新中心、区域金融中心和金砖国家新工业革

命伙伴关系创新基地等"五中心一基地"的建设任务,并且在国家推进更高水平对外开放的背景下,努力打造新发展格局节点城市,着力推动国际国内两个循环在厦门连接打通、相互促进。以城市整体的发展目标为引领,深化厦台融合发展,一方面,在以产促融、以通促融、以惠促融和以情促融等主要途径上积极作为,完善增进在厦台湾同胞福祉的制度和政策,做好台胞台企登陆第一家园的先行示范;另一方面,在助力台商台企融入新发展格局、参与高质量发展方面勇于作为,积极拓宽厦台交流合作的行业、领域、模式。

深化以产促融,重点在于推动优势产业协同发展,加强重点产业的对接,推动优质台资台商选择引进,促进在厦台企转型升级、增资扩产,推动行业标准共通,鼓励厦台高校、科研院所、企业联合开展共性技术攻关,加强厦台标准化合作。深化以通促融,应着力打造厦台综合交通枢纽,开展海运客货运输、海运快件合作,构建内陆对台物流的中转基地,推进厦门金门"水、电、气、桥、网"基础设施联通,支持厦台企业共同新型基础设施建设,推进两岸合作研发5G、工业互联网、人工智能等技术和标准。深化以惠促融,主要任务包含落实落细经济、社会、文教、便利化等领域的台胞台企同等待遇,加大台湾专业人才、高技能人才的引进力度,支持台湾青年来厦就业创业。深化以情促融,旨在搭建两岸文化产业平台,充分挖掘闽南文化优势,拓展民间基层交流,加强闽台传统文化、祖地文化的传承。

厦台融合发展不仅要加强两地社会、经济的直接联系,更在于促进两岸同胞心灵契合,共同努力推动厦门的高质量发展。在此意义上,深化厦台融合应当在构建新发展格局中容纳台胞台企的发展需求,重点在"十四五"规划的科技创新、产业发展、优化国际国内两个市场等方面,科学研究、安排厦台合作任务,提升厦台融合的范围和深度。厦门打造具有国际影响力的区域创新中心,推进以科技创新为核心的全面创新,在这方面拓展厦台合作途径的举措包含:重点产业的头部企业合作创新关键共性技术，厦台高校院所合作补齐基础研究短板，在培育新型研发机构的任务中吸纳台湾高技术企业、创新团队，在集聚人力资源的任务中，加大引进台湾专业人才。厦门构建富有竞争力的现代产业体系，推动高端制造业、现代服务业、战略性新兴产业引领发展，改造提升传统优势产业，在这方面促进厦台融合主要表现在：利用海峡两岸集成电路产业合作试验区、厦门两岸集成电路产业基地等平台载体，加快完善半导体和集成电路的产业生态，前瞻布局第三代半导体，提升电子信息产业综合实力；加强两岸文旅会展合作和物流协作，促进现代服务业提质增效；助力在厦传统产业台企实施数字化、网络化、智能化改造升级，提升市场竞争力。厦门构建国内国际双循环重要枢纽，其中一个重要任务是拓展进口空间、提高出口质量、推进内外贸一体，这也对提高厦台贸易质量提出了新要求；另一个主要任务是建设国家物流枢纽，厦台交通、物流的联通将作为厦门现代化综合运输体系和内外联通物流网络的重要环节，发挥中转作用。厦门完善开放型经济新体制，实行更高水平对外开放，应当积极引导台企台商融入自由贸易试验区、海上合作战略支点城市、金砖国家新工业革命伙伴关系创新基地等战略，支持台企台商参与"一带一路"项目，以"丝路海运"发展带动厦台海运邮快件、跨境电商业务做大做优，支持中欧（厦门）班列开拓台湾市场。

第三节　夯实综合配套改革成果，加快建设两岸经济交流合作新平台

厦门是中国改革开放的先发城市之一，制度性开放特征显著，并且作为大陆唯一"因台而设"的经济特区，在先行先试推动两岸交流合作方面，积累了丰富的制度创新成果。2011年年底，国家综合配套改革试验工作部署由厦门市实施深化两岸交流合作综合配套改革试验。经

过十余年努力，厦门全面深化改革，探索形成了一系列实效性、示范性强的深化两岸交流合作的体制机制。创新厦台产业合作的体制机制，依托台商投资区和重点产业园区，建设两岸产业对接专区，着力应用高新技术和先进适用技术推动传统优势产业向产业链高端攀升；打造新一代信息技术、新医药等战略性新兴产业和离岸金融、云计算、融资租赁等现代服务业的合作示范区，拓展台商投资企业出资方式和出资渠道，进一步放宽两岸市场主体准入限制，加大税收优惠幅度，提升两岸企业办事配套服务质量；支持促进对台农业生产要素引进，加强厦台在海洋渔业、生物育种等现代都市农业领域的合作；深化厦台科技创新合作，完善两岸产学研合作机制，支持高校、科研院所、企业联合建设科研平台，开展基础研究、前沿技术和共性关键技术研究；拓展"一市两标"[①]机制应用，深化标准化合作，推动行业标准互通。创新贸易管理和服务体制，完善台湾入境商品"源头管理、口岸验放"模式，扩大台湾进口商品第三方检验检测结果采信范围，大力发展两岸服务贸易。建设服务两岸的区域性金融服务中心，推进两岸金融市场双向开放，深化货币市场、多层次资本市场、保险市场等金融平台合作，加强两岸合作金融要素集聚。厦门深化两岸交流合作综合配套改革试验区建设，有力推动了厦台的产业合作、投资贸易自由化便利化、金融平台合作、标准互通等重点领域的发展，厦门已经成为大陆最大对台贸易口岸以及海峡西岸最重要的台资企业聚集区和台商聚集区之一。

下一阶段，深化厦台经济领域融合发展，应该夯实综合配套改革试验成果，加快打造两岸经济交流合作新平台。海峡两岸集成电路产业合作、两岸数字经济融合发展示范区是厦门承接的国家集成电路产业战略项目，也是福建建设国家数字经济创新发展试验区的重点任务。依托这两个平台，打造集成电路全产业链，发展 IC 设计、芯片制造、封装测

---

① 一市：厦门市，两标：大陆标准、台湾标准。

试等关键环节，推动两岸数字经济产业优势互补、资源共享，探索数字经济要素流通、技术突破、新业态培育、新发展模式，是推动厦门建设海峡两岸集成电路产业发展核心区域，打造数字经济发展新高地的重要途径。海峡两岸交流基地、两岸青年就业创业基地，是两岸同胞交流合作的国家级平台。依托这两个平台，创新两岸企业合作方式，提升合作水平，促进互惠互利，加大力度引进台湾专业人才，支持青年学生来厦创业就业，将加速推进在厦台胞台企深度参与大陆新经济发展。加快建设两岸融合发展示范区，全面落实台胞台企同等待遇政策，推进厦金两地基本公共服务均等化、普惠化、便捷化，做好厦金通电、通气、通桥项目厦门侧工作，努力将厦门打造成为台胞台企登陆第一家园的"第一站"。

第四节 打造厦台产业融合、协同创新、区域共建的新态势

台胞台企见证厦门的改革开放历史，为厦门的经济腾飞、产业发展做出过重要贡献。当前厦门打造新发展格局，以创新驱动高质量发展，构建现代产业体系也离不开台胞台企的支持。厦台产业融合，是以互利共赢为宗旨的，不仅为台企提供巨大的发展空间，也将促进厦门的产业转型升级。深化以产促融，就是要引导、鼓励台胞台企主动融入厦门的发展战略，厦台共同打造产业融合、协同创新、闽西南区域共建的新态势。

一 厦台产业融合

半导体和集成电路是战略性新兴产业，中国是全球半导体和集成电路最大的销售市场，极具产业发展前景。厦门已经集聚 300 多家集成电路产业链企业，产业生态良好，产业规划、产业政策完整，建设了一批

促进产业集聚、产业合作试验、产教融合的平台载体。当前的短板弱项是产业规模不大，产业配套不全，设计行业对产业链整体的带动不强。台湾地区的半导体产业实力雄厚，联芯、美日光罩、吉顺芯、星宸、凌阳、开发晶、鑫天虹等台资半导体企业已经落户厦门，为两岸产业融合和互利共赢提供示范。厦门应该扩大这方面的对台优势，大力引进台湾半导体龙头企业、全球知名企业和台湾半导体产业人才，加强台企在设计环节的参与度，提升产业链带动效应，达到强链目的。都市现代农业是厦门重点打造的12条千亿产业链（群）之一，涵盖第一、第二、第三产业，涉及种养业、渔业、畜牧业、农产品加工业等行业。厦门是对台农业交流合作的重要窗口，国家先后在厦门设立对台农产品出口加工基地、对台农业协商地、对台农业交流合作基地，厦台在蔬菜种苗业、农产品精深加工等领域不断加深合作，厦门是大陆最大的台湾水果贸易口岸。促进都市现代农业发展，应该巩固重点产业合作优势，支持两岸种子种苗企业强强合作，依托同安闽台农业融合发展（种子种苗）产业园，培育配套产业；积极落实"农林22条措施"，鼓励台胞台企参与厦门的乡村特色农业、海洋生态产业发展，参与智慧农业、绿色投入品的技术研发，支持台胞参与乡村建设。

　　围绕厦门建设区域创新中心和金融中心的任务，加大引进台湾现代服务业，例如电子信息行业相关的生产性服务业和金融服务业，针对近几年来台湾企业南向转投的问题，应利用越南等国家的基础设施瓶颈和国内市场优势，尽量留住优质台企和台资项目，具体举措即：一方面，推动智能生产园区和配套基础设施建设，加快制造业台企在闽西南协同发展区内转移，发挥国内原材料资源配置效率对东南亚国家原材料进口成本的比较优势；另一方面，吸引国际布局台企在厦设立面向本地市场的研发、运营、商务等区域总部，提供国际化现代化企业服务整体解决方案。

二　厦台协同创新

厦门深入实施创新驱动发展战略，以科技创新为核心，围绕战略性新兴产业和未来产业布局，建立健全科技创新体系。厦台产业合作基础良好，优势企业、高等院校、科研院所等创新主体资源丰富，为厦台协同创新提供了有利条件。充分发挥国家"芯火"双创基地、国家集成电路产教融合创新平台等公共创新平台效用，依托海峡两岸集成电路产业合作试验区、检验检测重点实验室、厦门大学未来显示技术研究院等特色载体，完善两岸联合产学研机制。优先选择厦台产业融合度高、前瞻性强的领域推进协同创新，聚焦集成电路、未来显示、新能源汽车、动力电池、健康与智慧照明等领域，塑造创新链，开展关键共性技术攻关。先行探索旅游、建筑、材料、养老、冷链等领域的标准化合作，推动行业标准共通和企业资质互认，鼓励台企参与制定修订国家、行业、地方标准，积极开展两岸标准理论研究。加大力度引进台湾地区创新专家专才，落实各类人才政策，重点给予生活补贴、住房保障、公积金贷款优惠等。

三　台商台企参与区域共建

建设闽西南协同发展区，是福建省做深做实新时代山海协作、推进区域协调发展的重要举措。厦门牵头建设厦漳泉都市圈，促进区域一体化，引领区域与长三角经济带、粤港澳大湾区联动发展，重点任务包含在区域内和跨区域深化基础设施联通，加强产业协同对接，应该充分调动台商台企主动融入的积极性，支持台企参与闽西南协同发展区的产业布局，邀请台商参加发展区建设的工程项目，鼓励台企投入5G通信设备、工业互联网、人工智能等新型基础设施的研发、生产和申报创新发展项目。台商台企参与区域共建，扩大区域竞争新优势。

第五节 创新对台贸易模式，全面优化引资引技，拓展外经新途径

在厦门推动外贸、外资、外经共同发展的"三外联动"策略框架内，创新对台贸易模式，优化台资、技术引进结构和质量，鼓励台企参与"走出去"，拓展外经新途径。

一 创新对台贸易模式

促进对台贸易保稳提质，创新对台贸易模式，重点在以下三个方面。第一，扩大两岸服务贸易规模。依托自贸片区保税物流平台，做大厦台海运邮快件；发挥厦门软件园国家数字服务出口基地载体功能，加快数字贸易发展，培育有国际影响力的服务贸易行业和龙头企业，增加电子信息、集成电路等厦门特色数字服务出口；推动服务外包转型升级，助力台商投资企业提高承接离岸服务外包执行额。第二，发展两岸新型贸易。利用自贸片区跨境电商平台便利条件，开展对台跨境电商业务，试验开辟"厦门—金门—高雄"以外的更多跨境电商物流通道，进一步开发对台特色的跨境贸易共享云仓模式；扩大新型离岸国际贸易试点，探索涉及台湾地区的离岸贸易业务。第三，优化对台贸易营商环境。扩大"源头管理、口岸验放"对台贸易便利模式台湾输大陆产品范围，促进厦台进出口额增长；提升贸易数字化水平，加强国际贸易"单一窗口"、跨境电商综合服务平台的迭代建设。

二 全面优化引资引技

坚持台资高质量引进来，要以增强利用台资的综合效益为目标指向，精准对接发展需求和供给优势，招商与选商结合，使利用台资更好地服务于厦门的高质量发展。围绕产业结构升级和新旧动能转换，加大

在新一代信息技术、生物医药、新材料、数字创意、海洋高新等既是厦门重点发展的主导产业和战略性新兴产业、又有台商明显优势的领域对台招商引资力度；鼓励在厦台企数字化、智能化、网络化改造提升、增资扩产。围绕推动技术创新，坚持引资引技相结合，构建开放合作环境，发挥台资技术溢出效应。注意保护台企台商的知识产权，完善相关法规政策，在引进台资过程中，防止对台资项目所属的设计方案、专利技术、软件核心构件等的不法剽窃，真正做到两岸互利共赢，为台资创造良好营商环境。围绕推动闽西南协同发展，发挥区域内各城市的成本差异和产业互补优势，以产业链融合引导联合招商。坚持"产业+会展"理念，办好两岸企业家峰会、海峡论坛等重大两岸经贸交流活动和工博会、旅博会、进博会等专题展会，加大台商台企招商引资。综合应用以商引商、平台招商、校友招商、资本招商、中介招商、基金招商等模式，推行多个主题集中展览展示的方式。

三 拓展外经新途径

厦门推动高水平"走出去"已见成效，对外投资规模快速增长，累计投资项目1800个，其中，2022年100个，投资范围由国家战略引导的趋势明显，在累计74个投向国中，"一带一路"国家占比60.8%，投资产业从贸易型向能源、资源型转变，投资主体从传统的民营、国企扩展到新型的合伙企业、基金类企业等。进一步提升厦门对外投资水平，需要拓展外经新途径，台商台企参与"走出去"战略是一个重要探索方向。有色金属、建材、渔业等是厦门对外投资的先行行业，邀请在这些市场具有较强竞争力、叠加本地投资深耕背景优势的台企参与对外投资项目。鼓励资金雄厚、具备全球资源配置能力的台企和本地企业联合开展绿地投资、并购投资，带动厦门产品、技术、标准和服务出口。吸引有资质、有经验的台企参加"一带一路"基础设施建设、境外经贸园区开发和运营。为保证两岸企业携手"走出去"依法合规有序进行，要在境外投资政策和服务体系中，增加针对台企参与投资、共建项目的投资监管、金融支持、风险防控、法律服务等内容，用好出口信用保险等政策性支持措施。

第六节　依托两岸区域性金融中心，推动两岸合作金融要素集聚

在厦门建设两岸区域性金融服务中心是国家"十二五"规划部署的战略任务之一。2011年，厦门着手以片区模式开发两岸区域性金融中心的核心功能区。随着两岸区域性金融中心建设推进，厦门持续扩大金融改革试点，在两岸货币兑换、贸易结算清算、台资金融机构准入、两岸保险合作等方面率先试点，两岸金融集聚效应凸显，大陆首家台资保险公司"富邦财险"、首家两岸合资全牌照证券公司"金圆统一证券"、大陆首家台资股东直接持股的城商行厦门银行、首家两岸合资消费金融公司"金美信金融"等金融机构在厦落户。两岸区域性金融中心成为深化两岸交流合作、发挥对台先行先试作用的重要窗口。厦门"十四五"发展及2035远景目标规划提出要打造服务两岸、辐射东南亚、连接"海丝"、面向全球的区域性金融中心，在打造新发展格局、推进更高水平对外开放的新的战略背景下，拓展了两岸区域性金融中心的功能定位，丰富了厦门城市战略的内涵。新时代深化两岸经济领域融合发展的一个重要方面是依托两岸区域性金融中心，推动两岸合作金融要素集聚。

发达的金融业是区域性金融中心的重要标志。厦门实施"两区两高地"[①]金融布局，构建结构功能完备、创新活力充足的多元化现代金融体系，体现了金融强市的目标导向，聚焦金融科技、财富管理、绿色金

---

① 金融对外开放先行区、产融结合发展示范区、金融科技发展高地、财富管理创新高地。

融、航运金融、供应链金融等特色金融发展方向，提升产融结合和金融服务实体经济的水平，体现了金融创新发展的价值追求。在厦门金融强市战略实施中，促进两岸互利共赢、共同发展，需要从金融服务供给和金融市场需求两个方面入手，重点发展特色金融业务，创新便利台企投融资和深化对台金融合作的体制机制，落实落细相关政策措施。

一　便利台企投融资

台胞台企对厦门的经济建设和产业发展作出了重要贡献。厦门的产业转型升级，也为台企发展壮大提供了机遇。当前在厦台企面临几类发展问题：行业头部企业带动作用不强，总部经济集聚度不高；传统优势企业数字化、智能化改造提升成本高，资金需求量大；"三高"企业研发投入大，风险高；中小微企业贷款难。以高质量金融服务供给，切实解决台企投融资难题，其主要途径是拓宽投融资渠道，创新金融服务业态。发挥大陆首个台企金融服务联盟、首家全国性台商产业投资基金、首家两岸合资证券公司金圆统一证券等先行优势，综合应用直接金融、间接金融和开发性金融服务，助力优势产业优质台企利用资本市场做大做优。利用上交所、深交所在厦落地资本市场服务基地的有利条件，支持在厦台企在A股上市，降低融资成本，将优质台企纳入上市公司质量提升计划。加快培育区域股权市场，发挥厦门两岸股权交易中心等新型投融资平台作用，打造"台资板""闽西南科技板""双百人才板"等特色板块，为广大中小微企业，开辟商业银行、沪深交易所之外的融资渠道，促进两岸资本高效互通互达。

二　深化对台金融合作

深化对台金融合作，吸引台湾优质金融要素集聚，畅通资金双向流动渠道，有利于厦门拓展金融市场，丰富金融业态和金融服务模式。在货币流通方面，推动国内各大金融机构在厦设立结算清算中心，扩大对台人民币业务规模；提升厦门本地金融机构的跨境资产配置、财务管理水平；加强厦门自贸片区对台跨境人民币贷款业务，加速两岸人民币现钞供应和回流；积极开展总部招商，引进各产业链的头部台企跨境资金结算中心在厦集聚。在引进台湾优质金融机构方面，依托厦门海峡黄金珠宝产业园，加强与台湾黄金珠宝头部企业、黄金金融机构合作，发展黄金珠宝文创、线上回收交易，培育闽南、东南亚地区特色的财富金融服务；鼓励君龙人寿、富邦财险发挥引领作用，吸引更多台湾专业保险机构以合资或独资机构方式来厦发展，为厦门保险业市场注入更大活力。

第九章

厦门探索建设自贸港型经济特区的条件和实施路径分析

自由贸易港（以下简称"自贸港"），是中国改革开放 40 年后应对国内外新形势变化而提出的新型经济特区发展模式，也是中国高水平改革开放的政策选择。2017 年 3 月，国务院批复上海自贸区全面深化改革开放方案，明确提出在上海率先试点建立国家高标准自由贸易园区。同年 10 月，习近平总书记在党的十九大报告中明确指出"赋予自由贸易试验区更大的改革自主权，探索建设自由贸易港"[1]。2020 年 6 月 1 日，中共中央、国务院印发《海南自由贸易港建设总体方案》，至此，建立自贸港是国家战略，也是中国深化与扩大改革开放、创新体制机制与政策的重要试验田[2]。

具体到福建和厦门而言，自 2014 年 12 月 31 日中国（福建）自由贸易试验区正式挂牌伊始，福建自贸区立足于深化两岸经济合作，服务于"一带一路"倡议，推出了众多可复制、可推广的改革政策。福建自贸区包括平潭、厦门、福州 3 个片区。其中，厦门片区重点发展两岸

---

[1] 习近平：《决胜全面建成小康社会，夺取新时代中国特色社会主义伟大胜利》（2017 年 10 月 18 日），《人民日报》2017 年 10 月 28 日第 1 版。

[2] 佟家栋：《中国自由贸易试验区改革深化与自由贸易港建设的探讨》，《国际贸易》2018 年第 4 期。

新兴产业和现代服务业合作示范区、东南国际航运中心、两岸区域性金融服务中心和两岸贸易中心。2018年5月，国务院正式发布《进一步深化中国（福建）自由贸易试验区改革开放方案》，标志着福建自贸试验区进入2.0时代。随着《海南自由贸易港建设总体方案》的发布和实施，福建自贸区厦门片区作为对外开放的港口型城市，具备建设自贸港的客观条件和先天优势。实际上，《1985年—2000年厦门经济社会发展战略》中就提出了厦门建设自由港型经济特区的设想。

第一节 自贸港建设的国际经验

综合分析中国香港、新加坡、荷兰鹿特丹港、德国汉堡港、迪拜等世界著名自由贸易港，可以发现，这些成功的自贸港虽然在客观条件上各不相同，但有一些高度相似的共同特征。

一是位置优越，商业发达。交通与商业是自由贸易港的基础。自贸港往往依托于重要的交通枢纽。一般而言，自贸港都具有"港"的元素，既可以是海运港口，也可以是空港。其原因在于，自贸港承载着物流、人流、资金流、信息流等要素，必须具备高度便利的交通。凡是成功的自由贸易港，无一不具有优越的地理位置和发达的商业。这些自贸港都是世界范围内的重要港口和区域性通商中心，有着历史悠久的商业传统。例如香港和新加坡的马六甲海峡是全球极为重要的海运枢纽和航空枢纽，德国汉堡港是欧洲大陆的门户等。

二是高度自由、高度开放。自由与开放是自由贸易港的本质特征。其中最为主要的内容包括，人员流动高度自由，资本进出高度自由，贸易壁垒很低甚至没有壁垒，对投资的限制非常少。世界主要自贸港仅对少数涉及安全的货物采取管制措施，对其他大量货物实行贸易自由，并对大部分货物实行零关税。对绝大多数行业开放，并对设立企业没有所有制、融资规模、控股比例等限制。对到港人员提供方便的出入境措施，甚至免签证停留服务。自由的商品与要素流动能充分发挥市场配置资源的强大效率以及分工与知识交流带来的巨大集聚效应。新加坡、中国香港、鹿特丹等均以低税负而闻名。如新加坡给予新注册成立企业免收印花税，不对企业经营中的资本利得额外征税。

三是法治健全，政府高效。纵观香港、新加坡、荷兰鹿特丹等世界著名自贸港，法治指数、营商环境与政府清廉指数均处于世界前列。健全的法治环境与营商环境，吸引大量企业入驻，带动区域经济发展，形成"宽税基、低税负"的良性循环。政府不断为企业创造各种自由环境甚至各种优惠政策，企业的创新与经营活动刺激了经济活力，为政府带来大量税收，进而支持政府进一步为企业提供更好服务。

四是具有协调市场和政府的良好机制。一方面，自贸港的发展，需要具有权威并且服务到位的政府机构保驾护航；另一方面，自贸港的发展过程中，普遍需要按市场化运作的、高效的运营机构。例如新加坡拥有专门的运营公司，完全按市场化方式来高效运转，与此同时，新加坡政府具有权威性，可以高效地对运营机构实施监管。

五是科技发达、人才荟萃。自贸港是最具创新潜力之地。世界主要自贸港的发展，都有赖于当地高水平的科教机构培养并输送大量的高技术人才，也能提供相应的高技术就业岗位，从而吸引外部的各类人才。成功的自贸港，如新加坡、中国香港，都具有世界一流的教育机构和强大的研发机构，每年能供给大量的高素质人才、贡献高水平科研成果。

第二节　厦门建设自贸港型经济特区的条件和重大意义

一　厦门建设自贸港型经济特区的条件

（一）得天独厚的地理位置和港口条件

厦门港是华南优良的深水港，是全国4个国际航运中心之一，是全国 11 个国际枢纽港之一，在国家综合交通运输体系中地位较高。

港口辐射范围的不断拓展是厦门突出的优势。厦门港先后与美国巴尔的摩港、德国杜伊斯堡港、马来西亚巴生港、美国迈阿密港等 14 个港口建立友好合作关系。开辟"一带一路"航线共计 66 条，途经 21 个沿线国家 47 座港口，"丝路海运"正式开行并建立工作联席会制度。中欧（厦门）班列通达欧洲、中亚和俄罗斯地区，沿途经 12 个国家和 34 个城市，揽货范围已辐射至台湾、东盟等区域，实现"一带"和"一路"的无缝对接，已累计发运超 700 列，货值近 140 亿元，并被列入"中欧安全智能贸易航线试点"计划，成为该计划的首条铁路运输试点线路，中欧（厦门）班列已成为跨越海峡、横贯欧亚、"海丝""陆丝"无缝衔接的国际物流新通道。

（二）突出的旅游业优势

厦门冬暖夏凉，树木花草终年繁盛，风景优美旅游资源得天独厚，为其他三个特区所不及。特区的建设与旅游业的发展可以互相促进，相辅相成。2005 年至 2019 年，厦门旅游和服务业拥有长达十几年的增长态势。根据厦门文化旅游统计，2005 年，厦门全年共接待国内外游客 1712.88 万人次，旅游总收入 230.93 亿元；而到 2019 年厦门旅游接待人数更是达到 10012.87 万人次，旅游收入 1655.90 亿元，创历史最高。

作为一座"高颜值的生态花园之城"，厦门旅游业增加值在全市 GDP 中的比重也很高。2019 年全市旅游业增加值约占全市 GDP 的 11.7%，已开通营运城市空港航线 174 条。同年，厦门港共接待邮轮 136 艘次，旅客吞吐量 41.37 万次，稳居中国邮轮港口第一集团。虽然持续不断的疫情对厦门旅游和服务业造成重挫，当地政府也在力图振兴厦门的旅游经济。2021 年 9 月，厦门出台了《厦门市人民政府关于加快推进旅游业高质量发展的意见》，准备把厦门建设成"世界一流旅游休闲城市"，力争到 2025 年旅游收入超过 3700 亿元。

（三）经济运行稳健向好

厦门市经济运行总体稳健，2021年厦门经济总量迈上7000亿元新台阶，全年实现地区生产总值7033.89亿元，比上年增长8.1%，全省并列第三，三次产业分别增长5.3%、6.7%、9.0%。社会消费品零售总额、财政总收入分别超2500亿元和1500亿元，批发零售业销售额首次突破3万亿元大关，进口、出口总额均突破4000亿元大关。居民收入全省居首，全体居民人均可支配收入64362元，增长10.7%。十个指标增幅全省靠前。全市批发业、邮政业务总量、固定资产投资、社会消费品零售总额、全体居民人均可支配收入等指标增速全省居首；规上工业增加值、人民币存贷款余额等指标增速全省第二；GDP、建筑业总产值、电信业务总量等指标增速全省第三。

此外，厦门高技术新经济成绩亮眼。全市高技术产业占规上工业增加值42.6%，比上年提高2.8个百分点，增长19.9%，比规上工业增加值高8.0个百分点。新经济蓬勃发展，全市规上工业战略性新兴产业增加值比上年增长19.4%，其中新一代信息技术、生物产业合计占规上工业战略性新兴产业增加值比重超八成；低碳、智能化新产品需求明显提升，新能源汽车、服务机器人产量分别增长50.2%和4.2倍。

（四）疫情下产业发展仍有活力

尽管疫情冲击了旅游和服务业，厦门依然表现出了极强的经济动能。党的十八大以来，2012—2022年，厦门市GDP从2922亿元增加到7034亿元，年均增长7.8%，增速居副省级城市前列；厦门2022年第一季度财政收入366.7亿元，位列福建省第一位。工业增加值从1219亿元增加到2163亿元，年均增长7.7%；一般公共预算总收入从739亿元增加到1530亿元，年均增长8.4%；常住人口人均GDP从7.73万元增加到13.45万元；城镇居民、农村居民人均可支配收入分别从3.76万元、1.35万元增加到6.72万元、2.99万元，总量保持副省级城市前列。

近年来，厦门为加快实现高质量发展，确定发展计算机与通信设备、机械装备、旅游会展、现代物流等千亿产业，以此形成一批具有国际竞争力的产业集群。

目前厦门已培育形成国家高新技术企业 2282 家，全市有研发活动的企业数占全部企业数比重超过三成；仅厦门火炬高新区的国家级高企总数就达到 1243 家，占厦门全市的 44.38%。目前厦门已实现平板显示、计算机与通信设备、机械装备、旅游会展、现代物流、软件和信息服务、金融服务、文化创意和都市现代农业等 12 条千亿产业。《厦门市国民经济和社会发展第十四个五年规划和二〇三五年远景目标纲要》也显示，厦门将全力打造半导体与集成电路、生物医药与健康、新材料总部经济集聚区。一些高附加值产品，能更好地促进经济效益和提升其城市竞争力。在厦门布局和力推千亿产业过程中，以富民为主的传统旅游经济的格局悄然生变，不再是厦门的唯一城市标签。

（五）优越的对台区位优势

在中国首批 4 个经济特区中，厦门最突出的特点就是"因台而设"。作为大陆距台湾最近的城市之一，厦门依托、高质量的经济发展水平、丰富的闽南文化特色，不断拓展两岸交流合作，以"勇于探索"的先行先试精神，服务对台工作大局，为促进两岸融合发展不断探索新路。在厦门，大陆首个地方"惠台 60 条"出台，《海峡两岸经济合作框架协议》率先落实，两岸交流合作综合配套改革深入实施，两岸区域性金融服务中心、对台贸易中心、国际航运中心加快建设。

厦门以闽南文化为纽带，持续创新交流方式，重点打造海峡论坛、工博会、文博会等 50 多个大型两岸交流活动。其中，海峡论坛已成功举办 14 届，累计超过 13 万名台胞参与，成为两岸民间割不断的纽带，成为规模最大的两岸交流盛会。在经贸合作方面，目前，台湾是厦门第二大贸易伙伴、第一大进口来源地和第六大出口市场，厦门是大陆最大的对台贸易口岸。此外，厦门在两岸"三通"、人员往来、文化交流、基层政党交流等方面不断有"破冰"之举，不断为两岸融合发展拓展新模式。厦门市积极参与举办的海峡论坛，在规模层级、参与人数、会议内容等方面，堪称两岸交流盛会之最，成功在两岸同胞之间架起了"连心桥"和"沟通平台"。

在全方位多层次对外开放格局的形成中，厦门成为大陆最重要的国际招商口岸、对台贸易口岸和国际资本与台商投资的重要聚集地，为两岸经济交流合作的拓展提供了桥梁和平台。

（六）对外贸易稳定增长，厦门"RCEP投资"与日俱增

厦门市外贸总量持续扩大，2022年进出口总额9255.6亿元，增长4%。其中出口4657.40亿元，同比增幅8.2%,；进口4568.20亿元，同比增幅0.1%。外贸一直是厦门以港立市、发展外向型经济的重要组成。2023年上半年，在新冠疫情仍在全球蔓延和国际形势复杂严峻等多重因素影响下，厦门的外贸进出口展现出了较强的韧性，不仅交出了漂亮的成绩单，还涌现出了不少外贸新兴业态。数据显示，2022年上半年，厦门市外贸进出口总额4443.2亿元，同比增长8.3%，创历史新高。

厦门作为中国最早设立的经济特区之一，是中国最早实行改革开放政策的经济特区之一，是"一带一路"倡议战略支点和两岸发展的重要城市，与RCEP其他各国具有长久的历史渊源和扎实的合作基础，具有独特的区位优势。2022年是RCEP航线生效的开篇之年，厦门港RCEP航线发展势头良好，航线网络不断完善。12月5日，随着以星航运东南亚线CT3旗下"金星•布尔"轮成功首航厦门港海天码头，至此厦门港正式迎来今年第15条RCEP新航线。厦门港至RCEP国家港口的航线已达89条。厦门在中国外贸百强城市中位居福建省的首位，

RCEP 的生效为区域合作创造了崭新机遇。目前，厦门市对 RCEP 其他成员国的进出口占厦门市外贸进出口总额的三分之一，厦门对于 RCEP 成员国的投资也与日俱增。RCEP 成员国已经成为厦门市贸易投资的主要活跃市场。当前，厦门正在更高水平建设高素质、高颜值、现代化、国际化城市，建设高质量发展引领示范区，以国际化程度提升计划区域创新的活力，将厦门打造成为节点城市。

抢抓"一带一路"、RCEP、金砖创新基地等全球机遇，厦门主动融入国家发展战略，打开市场格局，推动外贸市场多元化。今年上半年，厦门市对"一带一路"沿线国家进出口 1518.8 亿元，同比增长 16.7%；对 RCEP 其他成员国进出口 1473.5 亿元，同比增长 1.9%，占厦门市外贸进出口总值的 33.2%；对金砖国家进出口规模达 384.2 亿元，同比增长 20.4%。

（七）政策和人才优势

厦门是全国五个计划单列市之一，是副省级城市，享有省级经济管理权限并拥有立法权，政治地位比省会福州都要高。自 1980 年被设为经济特区以来，厦门先后获批国家综合配套改革试验区（即"新特区"）、自由贸易试验区、国家海洋经济发展示范区等政策支持，如今厦门已经逐渐成为现代化国际性港口风景旅游城市。政策支持是厦门经济能够发展起来的最重要原因。作为改革开放以来首批经济特区，厦门具有长时间的特区实践——厦门自贸区。经济特区与自贸区实践使厦门积累了先行先试的管理经验和思维模式。建立自由贸易港的关键便是在制度层面减少管制，扩大开放，这对政府管理能力、职能转变与抵御风险能力提出了很高要求。较长时间的特区实践为此奠定了良好基础[1]。

作为经济发达，风景优美，气候适宜的经济特区，再加上境内坐拥

---

[1] 朱孟楠、陈冲、朱慧君：《从自贸区迈向自由贸易港：国际比较与中国的选择——兼析厦门自由贸易港建设》，《金融论坛》2018 年第 5 期。

的最美厦大，在对于人才的引进与吸收方面，厦门是极具优势的。从400多万人的厦门拥有1626家高新技术企业，3家世界500强来看，可见高新技术产业的密集程度。而在这众多的高新技术企业中，是离不开人才的创造的。2021年，厦门市人才资源总量突破139万人，每10万人中大专及以上学历人数就达到2.69万人，在全国大中城市处于领先位置，接近广州、深圳水平，厦门每万名常住人口中留学人员数量居副省级城市前三，各类人才成为引领创新发展的生力军。

（八）翔安机场为厦门发展添新彩

2022年1月4日，厦门翔安国际机场全面开工建设。机场位于中国福建省厦门市翔安区大嶝街道大嶝岛东南端，西距厦门高崎国际机场约22千米，西南距离厦门本岛市中心约25千米，为4F级海峡西岸区域国际枢纽机场、海丝门户枢纽机场。翔安机场的建设，也让厦门跨进双枢纽城市之列。对于一个城市来说，双机场甚至是多机场，更多带动的是城市经济发展布局。建设中的厦门翔安新机场定位为中国重要的国际机场、区域性枢纽机场、国际货运口岸机场、两岸交流门户机场，将建成中国最大的单体航站楼之一。在翔安新机场开发综合能源项目不仅将打造城市能源互联网建设样板，也将形成大型交通枢纽的综合能源示范。

厦门空港综合保税区位于厦门翔安新机场片区内，厦门空港综合保税区将充分发挥综合保税区政策功能优势，聚焦航空维修制造、国际物流与分拨、商务商贸服务等临空产业，以及新一代信息技术、智能装备、科教研发等高新技术产业等产业，同时围绕服务建设金砖国家新工业革命伙伴关系创新基地，叠加自贸试验区、自主创新示范区等其他特殊功能区域，实现优势互补、资源共享、发展共赢。综合保税区与口岸功能区无缝连接为厦门发展添砖加瓦。

厦门新机场临空经济区规划面积约63平方千米，目前已在建的机场片区范围约有51平方千米，包括了厦门新机场以及大嶝北部片区、蔡厝—莲河片区等区域。根据规划定位，临空产业区将围绕翔安新机场建设，重点发展"三大主导产业"的临空高技术产业、临空现代服务业、空港核心产业等生产型和现代服务型产业类型，进而构建起现代化、国际化、高端化的厦门临空产业体系。同时发展的"九大重点方向"包括航空客运、航空工业、空港物流、科教研发、文旅休闲、商贸金融、信息技术、海洋高新、智能装备。一个设计8500万人吞吐量的区域性国际大机场必将促进厦门泉州交界地带的快速发展，从而推动厦门泉州的真正融合，共同发展。

二 厦门建设自贸港型经济特区的重大意义

（一）进一步为提升厦门自贸区建设与福建发展提供新动能

厦门的持续快速发展，当之无愧成为福建发展的龙头，在"建设海峡西岸经济区"发展大战略中扮演着更加重要的角色，也为新时代下进一步提升厦门自贸区高质量发展提供了新的动能

（二）在空间布局上具有重大意义

从中国沿海各主要港口城市的布局来看，厦门北边上海、宁波、舟山等重要港口形成长三角发达的港口集群，南部深圳、广州、珠海、香港、澳门等重要港口形成珠三角发达的港口集群，厦门处于长三角与珠三角港口群的中间，虽然有厦门、福州、泉州等重要港口形成一定集群，但相比长三角、珠三角还较为薄弱，还有较大的提升空间。厦门充分发挥"海丝"支点作用，借助传统海运优势，叠加陆路发展，以中欧（厦门）班列常态化运营为契机，构建出一条向东南连接台湾及东南亚地区、向西横跨欧亚大陆的国家物流新通道。

（三）对海峡两岸关系发展具有重大意义

从历史经验看，深圳的特区实践与快速发展显然非常有利于内地与

港澳的关系发展。台湾问题日益复杂的背景下，厦门作为离台湾最近的大城市，具有不可替代的作用。显然，高度发达高度开放的厦门对两岸关系的发展至关重要。在对台交流合作方面，厦门发挥对台战略支点作用，围绕深化两岸经济合作战略定位，积极探索两岸交流合作的新领域、新平台、新机制、新途径，促进两岸交流交融。

第三节　厦门建设自贸港型经济特区的实施路径

自贸港建设的基本原则之一便是借鉴国际经验。按照基本原则的部署，自贸港需要高起点谋划、高标准建设，主动适应国际经贸规则重构新趋势，充分学习借鉴国际自由贸易港的先进经营方式、管理方法和制度安排，形成具有国际竞争力的开放政策和制度，加快建立开放型经济新体制，增强区域辐射带动作用。通过总结梳理世界主要自由贸易港的特征与建设经验可以看出，成功的自贸港具有高度一致的共同特征，主要包括位置优越、商业发达、高度自由、高度开放、法治健全、政府高效以及完善的配套性服务产业[1]。厦门已经初步具备成功建设自由贸易港的客观条件。厦门具有得天独厚的地理位置和港口条件，历史悠久的商业传统，发达的经济与产业基础，与制造业发达的台湾隔海相望，并且背靠广阔的经济腹地。但厦门港城市规模较小，腹地资源不足、港口基础设施与上海、深圳等港口相比尚存差距，除了港口本身自然因素和历史原因所造成的发展滞后外，政府的投资力度和外资的利用程度等等方面也还存在着进一步改善的余地。如何对比借鉴世界主要自贸港经验，建设具有自贸港特征的经济特区对促进厦门自身经济、带动广大地区整体发展、推动更高水平开放具有重要意义。为打造具备自贸港特征

---

[1] 黄景贵、纪海芬：《论海南自由贸易港开放型经济体制建设》，《海南大学学报》（人文社会科学版）2019年第6期。

的经济特区，可采取如下实施路径。

一　行政领域

加速出台有关自贸港法规，完善管理模式，完善负面清单制度。落实"建立与高水平自贸港性经济特区相适应的政策制度体系"要求，为制度创新和规则对接提供法治保障。同时，进一步调减负面清单，尤其是服务贸易负面清单，全面落实准入前国民待遇加负面清单管理制度。

加强政府监管，牢牢把握好"二线管住"方针。建设自贸港型经济特区的过程中，需要政府部门在微观执法领域加强监管、提高执法水平，在实现高水平扩大开放的同时保证公平和法治的贯彻。"自由"意味着对部分产品和活动免税，会产生税收套利行为，自贸港可能会成为"避税天堂"；"自由"还意味着自贸港范围内人员和要素流动更为通畅，但可能会产生人员和要素"绕道"进入非自由贸易试验区的国境范围。这就需要政府监管和执法部门牢牢把握好"二线管住"这一方针，对经济活动所在地、价值创造地进行仔细甄别，对于人员和要素的实际流动方向进行有效把握。在加强监管的同时，还要努力改善提升自贸港的营商环境，让企业真正愿意在自贸港投资、经营业务、创造价值。

加强政府顶层设计，引导市场健康发展。自贸港型经济特区的建设必须加强政府顶层设计，引导市场健康发展，大力改善营商环境。政府在进行顶层设计的过程中，着力点在于推动全方位开放，同时将对外开放同改善民生结合起来，将全体人民福祉的普遍提升作为落脚点和根本目标。

二　腹地关联领域

厦门港口城市规模较小、经济腹地不足已成为制约厦门港口和区域物流发展的主要因素。同时，连接厦门的省内铁路基础设施落后，高速公路网络尚在建设阶段，导致连接港口的集疏运系统效率较低，腹地辐射能力较差。如何拓展经济腹地，促进港口发展，推进区域物流合作成为厦门当前需要着力解决的重大课题。加强基础设施建设，打造国际交通枢纽，统筹"港"与"腹地"的有机联动。

自贸港中的"港"和"腹地"是相辅相成的，没有港与腹地的链接，自贸港无法建成。无论是已经落地的海南，还是呼声很高的上海、粤港澳大湾区，都天然具有"港"的元素，但是腹地方面仍需加强，必要时还需要加强同周边国家（地区）之间的联系。因此，厦门开展自贸港建设，首先需要加强基础设施建设，将"港"与"腹地"紧密连接起来。需要强调的是，"港"与"腹地"的连接，不单纯是地理交通上的紧密连接，更重要的是产业方面的有机联动。中国幅员辽阔、腹地纵深，有利于形成国内各地区之间的有机联动，在建设自贸港的同时，更需要统筹其与"腹地"的产业联动。

三　航运服务领域

推动区域港口战略合作，完善航运服务功能。典型的是鹿特丹港，他最大的优势是其具有超强的服务能力。虽然欧盟一体化削弱了特定国家的关税减免优势，但鹿特丹港凭借强大的港口服务能力，为自身迎来了巨额贸易订单。鹿特丹港最显著的优势在于其拥有一个功能齐备的公共信息平台，可以实现标准化电子数据交换。在硬件上，鹿特丹港实现了立体交通运输的网络化，实现了仓储、运输、营销的一体化运营。厦门要充分发挥枢纽口岸的辐射作用、扩大开放的桥梁作用、体制创新的示范作用、产业集群的带动作用、对台工作的基地作用、统筹发展的表率作用，领先、领跑海峡西岸经济区建设。发展针对自贸港的生产性服务业，厦门具有空港优势，并且开通了中欧（厦门）班列，应当加强空港和铁路运输的合作，创新多港联动，结合自贸港税收优惠政策，将厦门打造成连接欧亚面向太平洋和东南亚的国际物流枢纽，以最低的成本和最高的效率为港区内企业提供优质的物流服务。以临港产业为核心，拓宽厦门港的经济腹地，加强与腹地省市地区合作，推动腹地区域产业融合。积极发展面向港区企业的现代服务业，促进产业链延伸，实现国际物流、资金流和技术流高效流通。重点发展金融、物流、航运等优势服务产业，吸纳优质资本。

加强海陆腹地双向拓展。大力扶持陆地港发展，继续做大做强三明、龙岩、吉安等地陆地港，在保持深耕已有腹地的情况下，继续扩展内陆市场，建立稳定的海铁联运线路。整合供应链资源优势，主动对接周边及内陆地区进出口运输需求，积极搭建平台，扩大货源腹地，提升港口辐射带动能力。持续推进"莆田—厦门"集装箱海上穿梭巴士、"潮州—厦门"集装箱班轮等航线运输；深入推进开展"散改集"业务，提升周边货源集聚能力。聚焦进出港交通堵点，完善交通，特别是铁路配套设施，疏通港区路网"大动脉"和"毛细血管"，构建集疏运体系，重点推动集装箱国际中转业务、集装箱干线运输，促进"海陆双向、东西互济""大循环、双循环"的国际物流大通道畅通无阻。

四 供应链领域

侧重供应链的创新与应用。2021年7月，厦门入选全国十大供应链创新与应用示范城市，建发、国贸、象屿、林德叉车4家企业入选全国供应链创新与应用示范企业，中国（厦门）供应链科创中心和建发"LIFT供应链服务体系"入选商务部首批向全国复制推广的供应链创新与应用典型经验做法。目前，厦门已集聚建发、国贸、象屿3家以供应链业务为主的世界500强企业，林德叉车、嘉晟、冻品在线、中绿、鹭燕医药、戴尔、信和达等一批供应链龙头企业，为数十万家企业提供供应链服务。大宗商品及衍生品产业已达万亿产值，是金属、煤炭、纺织品、橡胶、粮食等大宗商品供应链领域的"领头雁"。

厦门通过供应链创新与应用示范城市创建，着力推进数字化建设、完善供应链治理体系、健全产业供应链生态、推动区域供应链一体化、提升全球供应链地位、提升供应链绿色化水平、提高供应链安全发展水平。

五　制造业领域

保持制造业的一定比重，防范产业"空心化"。制造业是服务业发展的基础，舍弃制造业而全力发展服务业，将使得经济抗风险能力下降，并且经济发展也不能保持长期稳定发展。未来在中国建设自由贸易试验区过程中，一定要保持一定比重的制造业，避免落入产业"空心化"的泥潭，如此才能更好地发展服务业。对于一个国家而言，制造业尤其是国际范围的高端制造业是强国根本。现如今，中美贸易环境恶化，美国主动挑起同中国的"贸易战"的主要战略目的是遏制中国成为制造业强国，维持其在全球的科技霸权。因此，中国在建设自贸港、进一步推进开放的过程中，需防范自贸港产业"空心化"，保持制造业的一定比重，更重要的是加强高新技术产业的自主研发能力，打破他国的技术垄断。

在各产业拓空间、见实效。培育发展光电子、软件、生物制药、新材料等高新技术产业，形成一批具有持续竞争优势的支柱产业和高新技术产业集群，发展一批在国内外有较强竞争力的大型龙头企业和著名品牌，形成强大的制造业集聚、融合、扩散效应；加快发展流量经济，增强中心城市的综合服务功能。淡化行政区划界限，深化城际产业协作，引导相关产业向周边地区延伸产业链，推动城市联盟取得实质性进展，带动厦漳泉都市圈发展，壮大闽西南一翼，推动与珠三角、长三角的合作。

六 融资领域

挖掘债券融资潜力，助力自贸港建设。积极培育发债主体。将债券市场发展与自贸港型经济特区建设、厦门经济发展结合起来，推动地方政府、金融机构、产业企业积极发债，通过发行债券募集资金，服务自贸港型经济特区建设与实体经济发展。同时充分利用经济特区优势，拓展跨境债券融资渠道。要发挥政府引领作用，探索地方政府直接在境外资本市场发行离岸地方政府债券，募集国际低成本资金支持自贸港型经济特区建设，助力进一步提升厦门知名度和影响力。

积极稳妥地推进跨境资金流动的自由便利。相比于自由贸易试验区，自贸港需要在金融领域进一步开放，从而促进资源的进一步优化配置，其中的关键便是在自贸港内实现跨境资金流动的自由便利。一方面，以国内现有本外币账户和自由贸易账户为基础，构建一些金融对外开放基础平台，通过金融账户隔离，建立资金"电子围网"，为自贸港与境外实现跨境资金自由便利流动提供基础条件。另一方面，进一步推动跨境贸易结算便利化，实现银行真实性审核从事前审查转为事后核查。与此同时，在推进过程中，还要防范由此可能引发的各类风险，应建立既灵活又高效的预警和调控机制，当国际游资进出规模和频率超过警戒水平时，立即采取措施矫正。

七 贸易领域

大力发展离岸贸易。离岸贸易是一种新兴的贸易模式，近20年来获得了极为快速的发展。离岸贸易主要集中于具有优惠税收政策、低运输成本、稳定贸易环境的区域或城市，世界上许多港口城市都通过离岸贸易实现了贸易发展的结构性转变。例如近年来中国香港和新加坡的离岸贸易取得显著发展。离岸贸易是综合全面的降低企业进出口运营成本的国际贸易操作方式，国际一些发达城市，例如纽约、伦敦、中国香港、新加坡等相继成为世界性的离岸贸易中心,其发展路径各有特色,其中纽约、伦敦已经成为老牌的国际离岸贸易中心,而中国香港、新加坡则是新兴的国际离岸贸易中心。从 2000 年开始,新加坡的离岸贸易年平均增长率达到 15%,但离岸贸易额的规模有限,仅占其 GDP 的 1.4%。根据《香港服务贸易统计报告》,1988 年香港离岸贸易成交额仅为 1377 亿港币,到 2011 年该成交额增至 44667 亿港币,成为香港的第一大贸易方式。

然而,中国现行的外汇管理体制制约着离岸贸易的发展。离岸贸易实施过程中,货物流与资金流是相互分离的,实施离岸业务的机构无法提交相应的报关单与外汇核销单,带来的结果是所得的外汇收入无法结汇,这就在很大程度上制约了离岸贸易的正常开展。所以,要发展离岸贸易,必须配套金融制度的创新,而金融的深层次开放,正是自贸港建设的重中之重。持续推进全球采购、委托境外加工、境外承包工程第三国购买货物等业务,形成与银行的联动机制,和企业和银行开展新型离岸国际贸易业务,推动贸易外汇收支便利化试点规模,加速搭建环球供应链与离岸贸易金融服务平台,完善大数据应用场景,落地境内经营性租赁支付外币租金、跨境金融服务平台出口信保保单融资场景、资本项目数字化服务、多笔外债共用一个外债账户、线上外债签约登记、人民币对外汇美式期权和亚式期权等外汇管理改革政策。实现离岸贸易与在岸贸易、物流功能与结算功能统筹协调发展,继续把新型离岸贸易试点推广到全国。

开展国际中转、国际配送、国际采购和国际转口贸易业务,并积极探索向自由贸易港区转型。依托三大台商投资区,主动承接台湾产业转移,尤其是光电产业、集成电路、平板显示、汽车零部件、航运物流业、生物医药等产业,加强与台湾相关科技园区的联系,搭建两岸会展及重大经贸活动平台,争取引进一批具有较强带动力的高新技术产业、现代服务业和企业研发、营运总部,使厦门成为台资产业的重要聚集地。加快与国际市场、国际通行规则的对接，深度参与国际分工合作，提高投资、经贸等合作交流的自由度，使厦门成为中国重要的国际经贸合作平台和内地与国际市场对接的主通道之一。

八 税收领域

创新税收制度。综观国际高水平自贸港的税收政策与制度，共有的特征是：简税制，低税负，零关税。如香港最主要的特色在于其税收政策。香港特区政府规定，除了酒类、烟草与香烟、碳氢油类、甲醇这四类商品，所有货物进出香港境内都可以享受零关税。香港的税务优胜之处在于简单低额，只设三种直接税，包括利得税、薪俸税、物业税，并设有免税额制度。也正因如此，香港已跻身全球赋税环境最好的地区之一。厦门可以通过比较借鉴国际高水平自贸港的税收政策与制度，基于厦门的实际情况提出构建更加优惠、灵活的税收优惠政策及制度安排。通过简化税制，创新实行高效，透明，现代化的税收制度，初步建立适应自贸港型经济特区的税收政策制度体系。

从港口的货物功能来说，转关货物不报关，转口货物不报检，免征关税以及进口环节增值税，对区内的法人减免增值税。取消境外金融机构利息预提税，吸引跨国公司来厦门设立总部或者区域中心。发挥厦门对台优势，积极探索两岸税收互惠制度，推动两岸税收信息互换和交流，建立税收协调合作机制，降低企业和个人的税费负担，推动两岸区域金融服务中心发展。建立并完善启运港退税制度，增强厦门港吸引力。

九 人才领域

创新人才引进的体制机制。大力推进建设全领域、广覆盖的人才政策体系。自贸港实际上就是高度自由经济区，包括贸易、投资、金融等领域的人员、物流、资金、企业的自由流动和高端要素的汇集地，其中创新、效率、开放贯穿始终。而要建设这样的经济区，必须吸引各地各类人才，建立并完善引进人才的保障体系，抢占竞争取胜的制高地，保持厦门自贸港型经济特区的创新活力与永续发展。世界主要自贸港的发展，都有赖于当地高水平的科教机构培养并输送大量的高技术人才，也能提供相应的高技术就业岗位，从而吸引外部的各类人才。成功的自贸港，如新加坡、中国香港，都具有世界一流的教育机构和强大的研发机构，每年能供给大量的高素质人才、贡献高水平科研成果。

第十章

推进高水平对外开放下的厦门区域发展格局和战略

改革开放四十年的实践证明，对外开放与区域发展格局直接相关，开放程度高、开放积淀深的地区，其发展水平也会更高，反之亦然。因此，对外开放深刻地影响了中国的区域发展格局。当前，在中国构建新发展格局，推进更高水平对外开放的历史背景下，区域开放与区域发展面临新形势、新挑战。如何在对外开放中优化区域开放布局，提升区域经济规模和质量，发挥区域比较优势，增强区域综合竞争力，既是扩大对外开放的现实需求，又是推动区域协调发展的内在要求。

厦门、漳州、泉州三市是中国东南沿海重要的经济区域以及两岸交流合作的前沿门户，三市语言相同、文化同源、空间相邻，是台湾汉族同胞的主要祖籍地，同属闽南文化发祥地、核心区，以"爱拼才会赢"的精神名扬海内外。三市经济实力雄厚，各有特色，相互竞争又相互融合，其中泉州民营经济发达，曾连续20多年领跑福建经济，在2020年跻身"GDP万亿元俱乐部"；厦门作为中国改革开放的窗口和福建发展的龙头之一，人均GDP排名三市第一，位于厦漳泉都市圈的核心；三地中经济基础较为薄弱的漳州，近十年来也快速发展，实现从"花果之乡"向"工业大市"的华丽转变，进入中国城市GDP前50强。然而，厦漳泉三地在发展进程中也面临着不同的制约因素，一个常见形容是

"厦门太小、泉州太散、漳州太弱",虽不全面却也可见一斑。如何通过互联互通、产融合作等途径,促进厦漳泉城市组团发展,增强闽西南城市群的区域综合竞争力,与长三角、粤港澳等经济优势区域一较长短,是一个重要的问题。

厦门市内部也存在区域发展格局的问题,岛内岛外发展不平衡是厦门市长期以来区域发展面临的重要问题,更具体地看,即使单独看岛内或岛外,厦门市各区的发展也存在较大差异。目前,厦门市已确立了"一岛、两湾、多组团"的城市发展空间规划布局(《厦门市国土空间总体规划(2020—2035年)》),在这一过程中,如何发挥厦门对外开放特色,明确区域定位,优化功能布局,从而促进厦门整体经济社会发展水平的提高,亦是一个重要的问题。

第一节 厦漳泉都市圈区域发展和对外经贸的基本格局

一 厦漳泉都市圈是福建对外经贸发展的基本盘

厦漳泉都市圈是福建最具竞争力和影响力的区域经济重镇,2022年前三季度,福建省地区生产总值为37793.71亿元,其中厦漳泉三市经济总量约占全省"半壁江山",分别为泉州8826.86亿元、厦门5686.72亿元、漳州4016.22亿元。在对外开放上,有长久对外开放传统的厦漳泉地区更是福建的国际贸易引擎和吸收外资高地。

从进出口贸易看,截至2021年,厦漳泉都市圈货物进出口总额达1940.58亿美元,实现贸易顺差235.40亿美元。如图10-1所示,自2016年以来,厦漳泉都市圈的进出口总额呈现出持续增长的态势(部分受疫情影响,2021年外贸出现巨大提升)。从进出口总额在福建省内的占比来看,厦漳泉都市圈的货物进出口总额占福建省货物进出口总额的比重常年维持在68%以上,2021年,厦漳泉都市圈货物进出口总额

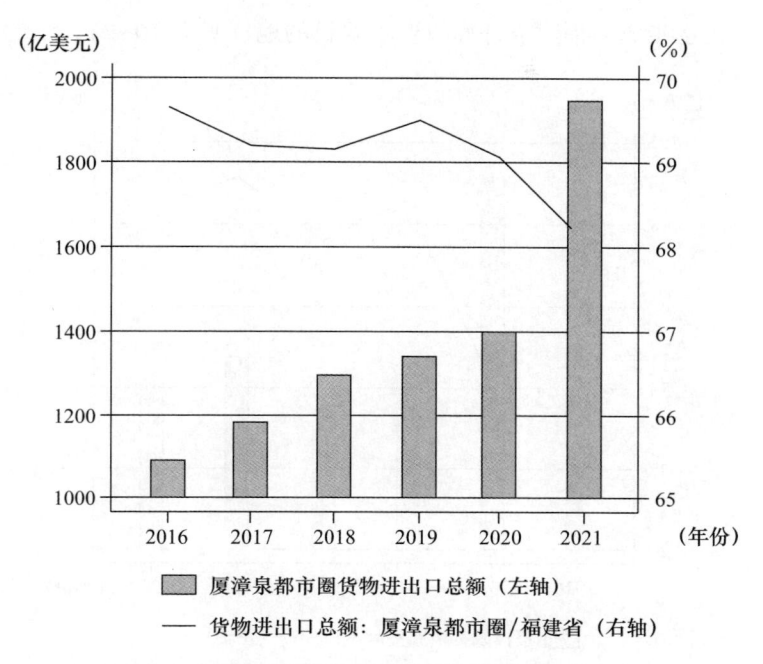

图 10-1　厦漳泉都市圈进出口总额及全省占比

资料来源：根据 CEIC 数据整理。

全省占比为 68.03%。

从吸收外资看，2016 年以来，福建省的实际利用外商投资呈现出逐渐下降的趋势，其中，2021 年福建省实际利用外商投资 49.05 亿美元，相比较于 2016 年福建全省实际利用外资 82.95 亿美元，六年间福建省实际利用外商投资下降了 40.14%。与全省实际利用外资情况趋势相一致，厦漳泉都市圈的实际利用外商投资在 2016—2021 年也经历了明显下降，降比达 31.04%，略低于福建省全省水平，2021 年厦漳泉都市圈共计实际利用外商投资 34.59 亿美元。从相对比例来看，厦漳泉都市圈的实际利用外资总额占福建省比重较高，且近年来出现逐渐上升的趋势。2016 年，厦漳泉都市圈实际利用外资总额占福建省比重为 61.20%，而在 2021 年，这一比重已然攀升至 70.51%，反映出厦漳泉都市圈正逐步成为福建省外商投资主要目的地（见图10-2）。

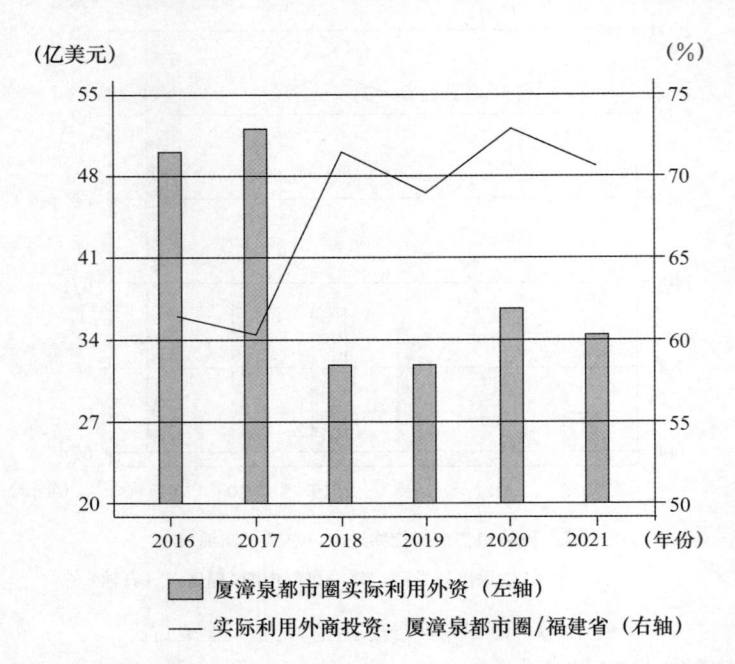

图 10-2　2016—2021 厦漳泉都市圈实际利用外资及占全省比重
资料来源：根据《福建统计年鉴 2022》、CEIC 数据整理。

因此，厦门、漳州、泉州三市是福建省对外经贸活动的基本盘和主阵地，在进出口和利用外资上占据主导地位。

二　厦漳泉三市内部对外经贸发展的比较

从厦门、漳州、泉州都市圈内部看，三座城市都在对外经济贸易上表现活跃，但在具体特征、比较优势和劣势等方面又存在差异。厦门作为厦漳泉都市圈的核心，其货物进出口规模均显著高于泉州市与漳州市。2021 年，厦门市出口金额 666.09 亿美元，进口金额 706.32 亿美元，进出口总额共 1372.41 亿美元。相比之下，泉州的出口额为 314.98 亿美元，进口额为 89.91 亿美元，进出口总额共 404.89 亿美元；漳州的这三个数字则分别为 106.91 亿美元，56.36 亿美元和 163.27 亿美元，均距离厦门水平有较大差距。2021 年，泉州和漳州的进出口总额占厦门比例分别为 29.5% 和 11.9%，因此，在对外贸易方面，厦门毫无疑问占据绝对优势（见表 10-1）。

表 10-1　　　　厦漳泉都市圈货物进出口数据表　　　　（单位：亿美元）

年份	厦门市 出口	厦门市 进口	厦门市 盈余	泉州市 出口	泉州市 进口	泉州市 盈余	漳州市 出口	漳州市 进口	漳州市 盈余
2016	469.43	302.34	167.09	161.85	70.81	91.04	72.55	15.35	57.19
2017	480.08	378.04	102.04	154.54	77.00	77.54	75.69	18.01	57.68
2018	505.83	404.61	101.23	180.80	100.46	80.34	80.93	24.23	56.69
2019	512.07	418.18	93.89	210.58	95.59	114.99	68.13	37.18	30.95
2020	515.65	486.33	29.32	217.56	67.39	150.17	77.91	39.28	38.63
2021	666.09	706.32	-40.23	314.98	89.91	225.07	106.91	56.36	50.56

资料来源：CEIC。

值得注意的是，一方面，厦门市近年来进出口规模稳步提升；另一方面，其进口规模增长速度高于出口增长，使得厦门的贸易顺差出现相对下降。2016 年以来，厦门市的贸易顺差持续下降，至 2021 年已从贸易盈余变为逆差 40.23 亿美元。而泉州市的对外出口规模持续扩大，2021 年，泉州市出口额 314.98 亿美元，相比 2016 年规模接近翻倍，在保持进口规模相对稳定的基础上，泉州的净出口大幅增长，2021 年实现贸易盈余 225.07 亿美元，为厦漳泉都市圈中三座城市同期之最。相比之下，漳州的对外贸易发展相对稳定，进口和出口的增长相对均衡，2016 年净出口为 57.19 亿美元，到 2021 年为 50.56 亿美元（见图 10-3）。

因此，从各个城市进出口额占厦漳泉都市圈进出口额的比例看，厦门呈现更加侧重进口，而泉州更加侧重出口的特征。其中，厦门市的出

(亿美元) (%)

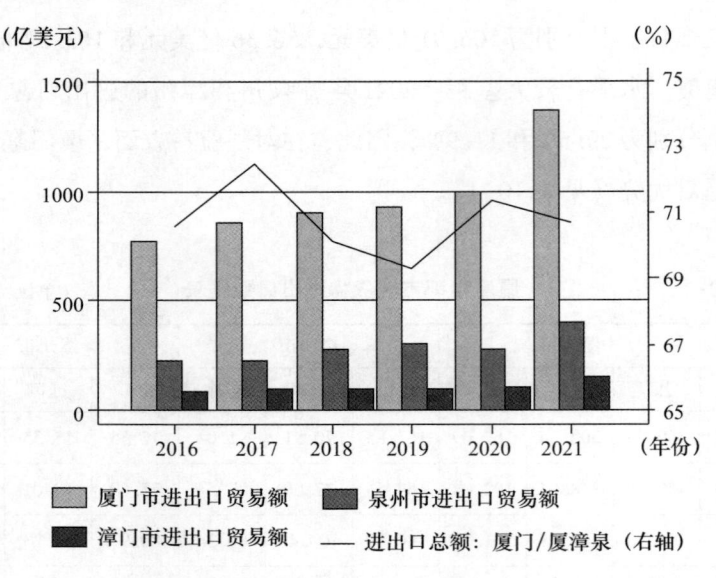

图 10-3　厦门、泉州、漳州进出口贸易规模对比及厦门市占比变动
资料来源：根据 CEIC 数据整理。

口占厦漳泉都市圈出口的比例从 2016 年的 66.7% 降至 61.2%，而进口从 77.8% 升至 82.8%，与之相反，泉州的出口占比从 23% 增至 29%，进口占比从 18.2% 降至 10.5%。这反映出泉州在贸易，特别是出口贸易上的优势明显增强，而厦门的出口贸易稍显疲态。不过，从贸易总额看，2016—2021 年厦门市进出口总额居于厦漳泉都市圈总额的 70% 左右（2021 年为 70.7%），且占比并未随时间的推移出现下降态势，因此，厦门市在厦漳泉都市圈内的国际贸易领先地位仍不可超越（见表 10-2）。

表 10-2　厦漳泉都市圈中各城市进出口占比　　（单位:%）

年份	厦门占厦漳泉比例			泉州占厦漳泉比例			漳州占厦漳泉比例		
	出口	进口	总额	出口	进口	总额	出口	进口	总额
2016	66.7	77.8	70.7	23.0	18.2	21.3	10.3	4.0	8.0

续表

年份	厦门占厦漳泉比例			泉州占厦漳泉比例			漳州占厦漳泉比例		
	出口	进口	总额	出口	进口	总额	出口	进口	总额
2017	67.6	79.9	72.5	21.8	16.3	19.6	10.7	3.8	7.9
2018	65.9	76.4	70.2	23.6	19.0	21.7	10.5	4.6	8.1
2019	64.8	75.9	69.3	26.6	17.4	22.8	8.6	6.7	7.8
2020	63.6	82.0	71.4	26.8	11.4	20.3	9.6	6.6	8.3
2021	61.2	82.8	70.7	29.0	10.5	20.9	9.8	6.6	8.4

资料来源：根据 CEIC 数据整理。

厦漳泉三市国际贸易占比出现的这一变动趋势与这三个城市经济结构特征和发展态势是吻合的。泉州的制造业十分发达，存在大量以出口为导向的民营企业，在改革开放的历史中形成了以晋江、石狮等为代表的鞋服纺织等产业集群①。2021 年，泉州市民营企业进出口 1881.1 亿元，占泉州市进出口总值 71.9%。而厦门的 GDP 总量小于泉州，经济更加侧重第三产业，工业制造业的规模落后于泉州，这使得厦门的出口潜能落后于泉州。同时，厦门是一座消费城市，是区域性消费中心和区域消费品的重要进口渠道，是台湾农产品进入大陆的主要通道（疫情暴发前，厦门口岸占大陆进口台湾水果总量比重高达 90%），这些因素使得厦门在进口贸易上发展更快。而漳州经济体量相对更小，主导产业以食品工业、石油化工、钢铁和装备制造等为主②，经济外向度相对更

---

① 在早期泉州的鞋服纺织产业兴起于为国外品牌代工，随着时代发展，泉州已发展成为民族鞋服品牌的聚集地，走出了安踏、特步、361°、匹克、七匹狼、九牧王、劲霸、柒牌等众多知名品牌企业。

② 食品是漳州的传统优势产业，同时也是漳州第一大产业，漳州市已发展成为拥有 2500 家食品企业的中国食品名城，汇聚了罐头、速冻（脱水）果蔬、冻干、水产加工品、食用油、食用菌、果蔬饮料等特色食品加工产业，被誉为"中国食品名称""中国罐头之都"。石化产业也是漳州经济中的重要一部分，漳浦县的古雷石化基地是全国重点建设的七大石化基地之一，建设有炼油、乙烯、丙烯、芳烃、碳四等大型石化和下游精细化工项目。

低，因此在对外贸易上与厦门、泉州存在较大差距。

从外商投资看，不同于福建省与厦漳泉都市圈近年来实际利用外商投资持续下降的趋势，厦门市自2018年始，其实际利用外商投资额逐渐攀升，至2021年已达27.76亿美元，同比增长15.18%，占福建省实际利用外商投资总额的56.60%，是福建省外商直接投资的主要目的地。在厦漳泉都市圈内部，厦门市在外商直接投资方面的优势地位更加明显。2021年，厦门、漳州、泉州三市累计实际利用外商投资34.59亿美元，其中，仅厦门市实际利用外商投资便达27.76亿美元，占比达80.27%。紧随其后的则是泉州市，实际利用外商投资4.86亿美元，占厦漳泉都市圈实际利用外商投资总额的14.06%（见图10-4）。

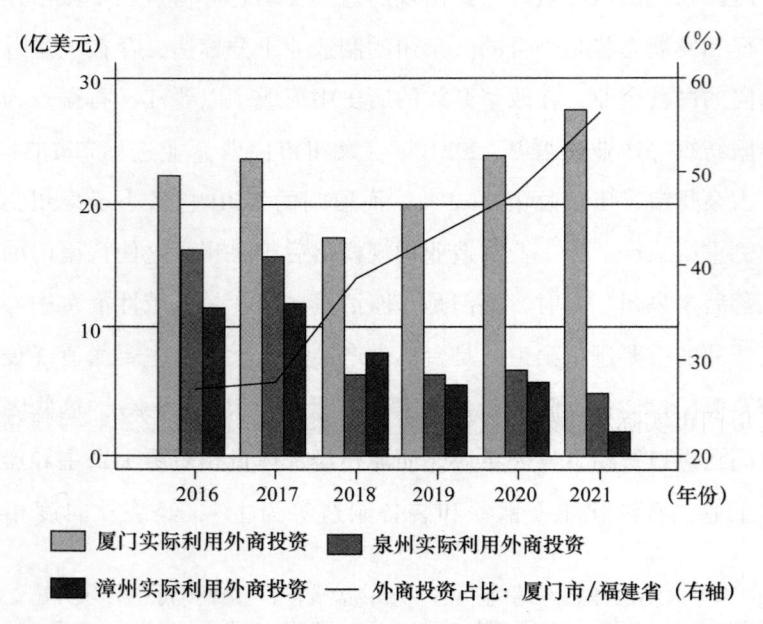

图10-4　2016—2021年厦漳泉都市圈实际利用外商投资及厦门市占全省比重
资料来源：根据CEIC数据整理。

从利用外商投资的行业分布看，租赁和商务服务业、制造业、住宿和餐饮业是厦门市2021年实际利用外商投资最多的三个行业，占厦门市当年实际利用外商投资总额的 69.35%，三者占比分别为 25.47%、22.86%、21.02%[①]（见图 10-5）。

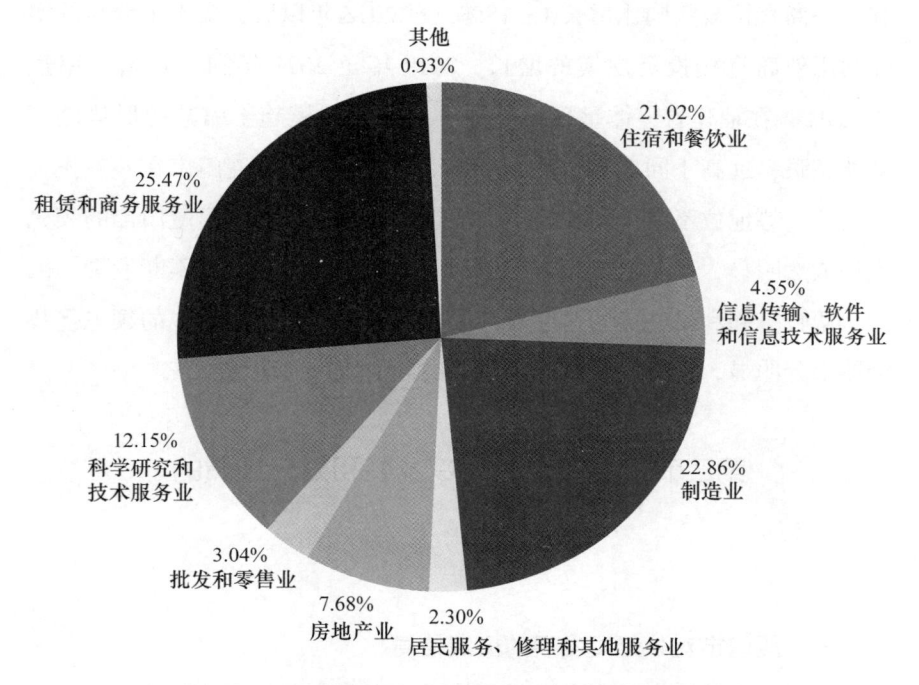

图 10-5 2021 年厦门市实际利用外商投资行业分布

资料来源：《厦门经济特区年鉴 2022》。

厦门市实际利用外商投资的行业分布反映出厦门服务业与住宿餐饮业的相对发达，也体现出厦门市作为一座旅游城市的行业发展特点。同时，厦门市科学研究和技术服务业与信息传输、软件和信息技术服务业的发展也取得了一定的成果，在实际利用外商投资方面初具规模，反映出厦门市吸引外资的总体产业布局更加高级、合理，为厦门市构建高水平对外开放及经贸合作格局打下了较为坚实的产业结构基础。

总体来看，在福建省、厦漳泉都市圈实际利用外商直接投资规模区

---

① 资料来源：《厦门经济特区年鉴 2022》，比例数字为笔者自行计算。

域缩减的大环境下，厦门市不仅保持了持续、稳定的外商直接投资规模增长，而且呈现出增长快、增速稳的良性特征。2021年，厦门市实际利用外商直接投资同比增长15.18%，自2018年以后，实现了较高的实际利用外商直接投资规模的增长，2019年至2021年间平均增长率达17.23%，在福建省整体呈现出外商直接投资规模趋于缩减的形势之下格外亮眼，远高于同期泉州市、漳州市的增长水平。厦门市在外商投资方面的优势地位不仅体现在规模、增速层面，在结构方面厦门市的领先优势依然明显，反映出厦门市外资利用水平在质与量上的不断发展。因此，从吸引和利用外资的角度看，厦门市在厦漳泉都市圈中的领先优势仍然十分明显，短期内难以被都市圈内其他城市所超越。

第二节 厦门市内区域发展和对外经贸的基本格局

一 厦门市对外经贸发展的区域格局

厦门市主动深度融入世界经济体系，实施互利共赢的开放战略，形成经济特区、台商投资区、出口加工区、保税区、自由贸易试验区、"一带一路"倡议战略支点等全方位、宽领域、多层次对外开放格局，实现了对外贸易和利用外资的快速发展。而厦门市各区由于地理位置、交通网络、政策支持等方面的不同，使得各区在对外经贸发展方面差异明显。

从各区进出口贸易额占厦门全市贸易额比例看，岛内的湖里区和思明区在进出口占比、出口占比和进口占比三个方面均远超岛外各区。其中，湖里区的进出口贸易的三项占比均超过40%，是厦门市进出口贸易的"中流砥柱"；思明区在进出口占比和进口占比方面均超过20%，出口占比也达到18.50%，是厦门市国际贸易的"小龙头"；海沧区的进出口占比和出口占比均超过10%，进口占比6.91%，是厦门市岛外地区国际贸易的"龙头"地区；集美区与翔安区占比相对以上三区较低，但在国际贸易方面仍有着不可忽视的作用；同安区占比较小，进出口贸易发展相对缓慢（见表10-3）。

表10-3　　　　　2019年厦门各区国际贸易占比情况　　　　（单位：%）

地区	进出口占比	出口占比	进口占比
思明区	24.19	18.50	31.14
湖里区	47.48	44.78	41.51
海沧区	11.03	14.40	6.91
集美区	6.36	9.88	2.06
同安区	4.10	5.66	2.19
翔安区	6.84	6.78	6.91

资料来源：根据各区及厦门市《2019年国民经济和社会发展统计公报》整理。

从各区吸引外资占厦门市全市吸引外资比例看，岛内的思明区实际利用外资占比27.85%，明显领先其他区，在吸引外资方面有着明显优势，湖里区占比17.99%，在利用外资方面也起着重要的作用。而岛外的同安区占比接近16.14%，是2019—2021年岛外利用外资占比最高的区；海沧区吸引外资占比相比往年有明显下滑，使得其近三年实际利用外资占比降至11.74%的水平，为全市最低的区；集美区占比达12.77%，也为厦门市实际利用外资做出了重要贡献；翔安区在2018年利用外资占全市比例相比往年有较明显上升，使得其占比在2019—2021年提升至13.50%的水平，显示翔安区对外资的吸引力明显增强，这与翔安近年来经济的快速增长趋势相吻合（见表10-4）。

表 10-4　　　　　2019—2021 年厦门各区吸引外资情况　　　　　（单位:%）

地区	实际利用外资占比（三年平均）
思明区	27.85
湖里区	17.99
海沧区	11.74
集美区	12.77
同安区	16.14
翔安区	13.50

资料来源：根据《厦门经济特区年鉴2022》整理。

进出口贸易额占地区国内生产总值是常用的衡量经济开放度的指标，从这一指标看，各区排序依次是湖里、海沧、思明、翔安、集美和同安。其中，湖里区在进出口、出口以及进口三项指标占 GDP 的比重远超其他各区，其中进出口总额超过该区 GDP 的 2 倍以上，经济对外开放度极高；思明区进出口占 GDP 的比重达 81.79%，进口和出口占 GDP 的比重也超过 30%，对外贸易极大地促进了思明区的经济发展；海沧区进出口占 GDP 的比重超过 80%，出口占比达 63.78%，经济对外开放度较高；集美区进出口占 GDP 的比重为 51.69%，出口也达到 44.15%，进出口贸易有力地支撑了集美区的发展；同安区进出口总额、出口额、进口额占 GDP 的比重均不足 50%，经济对外开放度相对较低；翔安区进出口占 GDP 的比重达 66.05%，出口额和进口额占 GDP 的比重也均超过 30%，较好地利用了对外经济实现了自身经济的发展（见表 10-5）。

表 10-5　　　　2019 年厦门各区进出口贸易额占 GDP 的比重情况　　　　（单位:%）

地区	进出口占 GDP 的比重	出口占 GDP 的比重	进口占 GDP 的比重
思明区	81.79	34.42	47.36

续表

地区	进出口占GDP的比重	出口占GDP的比重	进口占GDP的比重
湖里区	234.72	121.81	112.90
海沧区	88.79	63.78	25.01
集美区	51.69	44.15	7.54
同安区	47.70	36.23	11.47
翔安区	66.05	36.03	30.02

资料来源：根据各区及厦门市《2019年国民经济和社会发展统计公报》《同安统计年鉴2020》整理。

二 厦门市各区对外经贸发展的情况分析

(一) 思明区

思明区位于厦门市南部，是厦门市最早的经济、政治、文化、金融中心，也是目前厦门市经济发展水平最高的地区，有着发展对外经济的自然地理优势和经济社会优势。从自然条件来看，其三面临海，周围海域宽阔，港域面积达275平方千米，港阔水深港内风浪小，地处亚热带，终年不冻，通航时间长，码头众多；从社会条件来看，思明区建立了完善的公共服务配套设施，不断推动营商环境市场化、法治化、国际化，依托厦门大学等高校，积累了丰厚的人才资源，交通条件便利，外商投资企业准入后的待遇保障力度不断提高，社会条件在厦门各区中也处于"首屈一指"的地位。因此，虽然已经没有货运码头，也不在自贸区地理范围内，在进出口方面不及湖里区，但思明区的进出口贸易仍然在厦门市有重要地位。同时，在吸引外资，特别是吸引外资（区域）总部以及软件信息、金融、商贸会展、文化旅游等产业投资方面，思明区具有得天独厚的优势。综合来看，思明区是厦门市对外开放的核心，积极引进外资和发展进出口贸易，在很大程度上促进了厦门市对外经济的发展。

(二) 湖里区

湖里区拥有便捷的海、陆、空立体交通网络，拥有自贸区厦门片区的政策优势，是厦门对外贸易活动的核心。湖里区是厦门市经济特区发祥地，成立于1987年，地处厦门岛北部，八山横贯两水，三面海域环抱，与金门岛隔海相望，拥有便捷的海、陆、空立体交通网络，高崎机场、邮轮码头、火车货运站、五条陆路出岛通道、厦金航线、第二西通道及正在建设的第二东通道都在湖里辖区，地铁密度全市最高，福建自贸区厦门片区中的两岸贸易中心核心区也位于湖里区。因此，湖里区的区位优势和政策优势明显，是厦门对外经贸活动，特别是国际贸易的重中之重，在进出口方面的表现远远超过厦门市其他各区，利用外资亦位于厦门市各区的前列，有力地带领、支撑了厦门市对外经济的发展。

随着湖里区经济发展水平的进一步提高，目前，湖里区也面临着港城矛盾、机城矛盾的突出问题。在厦门6个区中，湖里区面积最小，但人口最多，是全市经济总量和财政收入第二大区、工业第一大区，以占全市4.3%的土地面积，创造出占全市21.6%的生产总值。相对应的，湖里区土地资源十分稀缺，其中厦门港东渡码头、高崎国际机场占用了大量湖里区的土地资源。国际上众多知名的港口城市（如伦敦、纽约、香港）到发展后期均面临港城用地矛盾，许多实施了"港退城进"，甚至出现"去港口化"倾向，把宝贵的土地资源从港口转为金融、地产等用途。以港兴城的厦门也面临同样的问题①。翔安新机场建成后，高崎国际机场或将退出历史舞台，而东渡港也面临着逐步退出货运服务，转变为国际邮轮母港，从而腾退大量港区土地空间的使命。这一过程中，湖里区面临着产业转型升级的重任。

---

① 厦门历史上的港口原在思明区和平码头和沙坡尾一带，随着思明区的城市开发，在历史进程中同样也经历了退出和转型的变迁，俱已转型为集商业地产、文化休闲、旅游观光、餐饮娱乐为主的商圈。

(三) 海沧区

海沧区位于厦门岛西南，东以海沧大桥连厦门岛湖里区，东南隔厦门港与思明区相望，是福建省南段海外经济贸易的重要港口，具有优越的深水港优势，是厦门港水深条件最好的港区，拥有 26 千米的海岸线和 11 千米的深水岸线。同时，海沧区也是福建自贸区厦门片区中重要组成部分，东南国际航运中心海沧港区区域面积 24.41 平方千米，占厦门自贸区面积比例达到 56%。因此，海沧区有发展国际贸易特别是海上贸易的地理交通和政策优势。同时，与隔海相望，经济已进入服务业为主导的岛内思明区不同，海沧区始终坚持产业立区，生物医药、集成电路、新材料三大主导战略性新兴产业齐头并进，工业制造业较为发达[①]，紧凑的"前港后厂"经济发展模式节省交易成本，加快物流速度，从而加强了海沧区在对外经贸发展中的优势。这是海沧区呈现出口多于进口，成为厦门出口创汇重要来源地的关键原因。

(四) 集美区

集美区位于厦门本岛西北部，与湖里区隔海相望，位居厦门市行政区域几何中心和厦漳泉三角地带中心位置，相比海沧区的区位更加靠内，海岸线短，海岸没有规划建设大型港口物流设施，近海城镇土地多为商业、住宅和其他用地[②]。同时，由于历史原因，集美区城市建成区内仍有"城中村"（自然村）137 个，集美区杏滨街道、杏林街道等区域城中村密布，寸土寸金的近海土地仍然存在严重的利用低效问题。因此，海岸线短、缺乏港口物流设施、土地利用相对低效制约了集美区的

---

① 2021 年，海沧区规模以上工业产值已经突破 1800 亿元，在 2022 年中国工业百强区中排位第 51 名，在福建省排名第二，厦门市排位第一。

② 其他用地中又有相当多用于教育、科技、文化等设施用地，例如集美大学、华侨大学、厦门理工学院等 9 所大专院校都在集美有校区（加上科学院所共有 15 家），集美大学城占地 31.32 平方千米（而根据集美区 2020 年国民经济和社会发展统计公报数据，集美区全区的城区建设用地面积不过 80 平方千米）。

外向型经济发展。从经济结构看，2014—2020年，集美区第三产业增加值在厦门市各区中排位第三，仅次于岛内的思明区和湖里区，在岛外四区中，集美区的第三产业的占比最高。具体看，集美区房地产投资在厦门各区中具有较为突出的优势。2013年到2016年，集美区房地产投资在各区中排位第一，在之后几年略有波动的情况下，到2017年仅次于湖里区，达到了199.16亿元。

因此，集美区的经济结构对房地产有更明显的依赖，这种经济格局的形成原因，一方面，是因为岛外各区中，海沧区经济侧重港口物流、工业制造和技术研发，近海房地产开发土地相对少，同安区则离岛内过远，而翔安区又缺乏进岛通道（翔安隧道2010年才建成通车，而翔安大桥2018年底开工建设，到2023年才通车）；另一方面，基础教育水平是人们购房的重要影响因素，而集美在这方面也具有明显优势，这使得地处厦门区域核心、交通四通八达的集美区长期以来成为承接岛内房地产需求外溢的首选之地，是岛外置业的最热门区域。近年来，集美区加快土地收储开发，开展集美新城建设，因此造成了房地产投资在厦门各区中相对突出的表现。

（五）翔安区

翔安区位于厦门岛东北部，台湾海峡西岸中部，东北面与泉州市交界，西面与同安区接壤，南面与厦门岛、金门岛隔海相望，翔安区大嶝岛是离金门岛最近的地方。长期以来，由于缺乏进岛通道①，岛内溢出作用小，翔安的经济发展相比海沧、集美明显落后。从经济总量看，近十年间翔安区GDP总量在厦门各区中排位第五（仅高于同安），虽然从人均GDP看，由于翔安近年来迎来高速建设，使得GDP中固定资产投

---

① 厦门进出岛通道中，最早的是1991年通车的厦门大桥，连接本岛和集美，海沧大桥则于1999年通车，且目前集美和海沧均已有多条进岛通道，而翔安不仅通车最晚（2010年），且截至当前只有翔安隧道一条通道。

资较高，从而带动人均 GDP 水平有较大增长，人均 GDP 水平已超过集美区，但如果从居民收入水平看，居民收入水平与其他区相比仍然存在明显的差距，2021 年，翔安区人均可支配收入为 40062 元，在厦门六区中排名倒数第一。

因此，目前来看，厦门各区中，翔安在对外经贸发展中的表现并不突出。然而，翔安的发展潜力在厦门各区中是较为突出的，其地理区位条件堪比海沧，具有优越的港口条件，随着基础设施的进一步完善，翔安港区即将进入快速发展期，翔安新机场的建设也将成为翔安发展的重要推动力。2010 年翔安隧道通车后，近十年翔安区 GDP 增速在全市各区中增速最快，具有较高的经济增长潜力，预计这一发展态势将继续保持。同时，未来自贸区厦门片区若进一步扩大范围，那么兼具港口和机场之利的翔安自然成为极佳的选择，这会推动翔安区对外开放型经济的进一步高速发展。

（六）同安区

翔安、同安原是一个区，2003 年，析同安区大嶝、新店、马巷等成立翔安区，尽管如此，同安区仍然是厦门面积最大的区，同时也是厦门经济实力最弱的区之一。在析出翔安区后，同安海岸线长 20.29 千米，与集美区接近，但比集美区更加靠近内陆，远离厦门本岛，并且，同安核心城区远离海岸线，深入西溪内部，使得同安经济中心与厦门本岛的距离进一步拉大。因此，相比岛内和其他区县，同安在发展外向型经济上区位优势偏弱。因此，受限于区位条件和历史因素，同安区发展对外贸易的基础相对薄弱，在进出口方面明显弱于厦门市其他各区，但同安积极进行招商引资，在合同利用外资和实际利用外资等方面均在岛外地区中处于前列，是厦门市岛外对外经济发展的核心之一。

要发展高水平对外经济，融入厦门开放型经济发展格局，必须要向海而生，改变同安经济和人口重心偏居内陆、远离岛内的区域发展格局。同安区是跨岛发展的主区域、主战场、主引擎之一，目前，同安加快实施同安新城和同翔高新城（同安片区）的"两个新城"和厦门科学城[①]建设，推进从过去农业大县到工业强区的转变，与岛内连接显著增强，产业发展提质升级，项目推进全面提速，城区功能品质和发展能级持续提升。

第三节　加强区域协同发展，打造对外开放的区域高地

一　找准区域定位，发挥比较优势，形成厦漳泉城市圈组团发展

立足本地区地理区位、经济规模、产业格局等条件，厦漳泉三市需找准自己在国内大循环和国内国际双循环中的位置和比较优势，尊重经济规律和禀赋差异，充分发挥各地区的比较优势，走合理分工、优化发展的路子，推进厦漳泉都市圈同城化，形成厦漳泉城市圈组团发展格局。厦门要充分发挥经济特区、自贸区和对外对台开放高地的政策优势、位于厦漳泉地理中心的区位优势、享有海陆空铁立体国际性综合交通枢纽的便利优势、自身文化教育高地的社会优势，与自然环境美、城市建设优的生态环境优势，规避自身土地资源稀缺、土地、房价和劳动等要素成本高的劣势。而泉州要充分发挥自身人口总量和经济体量大的规模优势、土地资源相对充足的成本优势、本地民营经济发达灵活的机制优势、工业制造业发达的产业集群优势与当地知名品牌多的品牌价值优势，规避城市政治地位低、教育医疗等社会发展水平和发展条件、核心城市建设水平和建设条件、对外开放水平和开放条件落后厦门的比较劣势。漳州则要充分发挥自身"花果鱼米之乡"的物产富饶优势、地

[①]　厦门科学城依托同安、翔安、集美三区建设，总规划面积34.12平方千米，其中大部分位于同安新城片区。

处漳州平原（九龙江平原）的土地资源优势、拥有较长未充分利用海岸线的后发优势与地价房价等要素价格相对低的成本优势，规避自身沿海多山地、腹地小的资源劣势、本地无机场的交通条件劣势与现有科技研发条件不足的创新劣势，深度加强与厦门的协作，以厦门为对外经贸的门户，为自身经济发展服务。要充分发挥各市比较优势，实现优势互补和协同发展，关键是要推进厦漳泉三市的统一大市场建设，从而加强闽西南城市组团在全国以及国际市场中的竞争力。要推动厦漳泉都市圈上升为国家战略，争取国家层面的政策支持，推动厦漳泉一体化协同化的顶层设计规划和发展，加强厦漳泉城市间规划的有序衔接。推进交通网络一体化发展，打通跨区域"断头路""瓶颈路"，完善城市间地铁网络的衔接，缩短厦漳泉城市间通勤时间，加快厦门、漳州、泉州等地形成"半小时交通圈"，实现厦漳泉区域公交支付一卡通行，推动都市圈同城化发展。推进区域统一大市场建设，畅通循环堵点，打破行政藩篱，加强民生事业资源共建共享，整合空港、海港资源，完成厦门港与漳州港的资源整合，推进厦门新机场与泉州的协同，加快厦漳泉一体化人才要素共建共享互补流动。

二 优化岛内功能布局，加快推进跨岛发展，全方位提升厦门对外开放型经济的质量和水平

2002 年，习近平同志在福建省担任省长期间，在重要发展节点为厦门擘画蓝图、引航定向，创造性地提出了"提升本岛，跨岛发展"重大战略，精辟论述了"四个结合"的战略思路——即提升本岛与拓展海湾结合、城市转型与经济转型结合、农村工业化与城市化结合、凸显城市特色与保护海湾生态结合。厦门历届市委、市政府牢牢把握"提升本岛，跨岛发展"的战略内涵和城市发展规律，一张蓝图干到底，有力推动了厦门城市化进程，形成了城市格局跨岛拓展、产业结构跨岛优化、公共服务跨岛覆盖、人文内涵跨岛提升、生态文明跨岛建设的良好

发展态势。2020年，厦门市又提出"岛内大提升，岛外大发展"的决策部署，岛内外协同发展建设进一步提速。

　　作为成熟建成区，发展空间不足是岛内大提升的最大矛盾。要加快推进本岛旧城旧村改造，在城市有机更新中带动产业项目落地，着力提升产业能级，改善城市面貌。优化东渡港区和高崎机场的空间布局，推进东渡港区功能向海沧、翔安港转移，稳步推进翔安新机场建设，腾退土地资源，高水平规划落实腾退土地的用途，着力再造发展空间，以科创、金融产业和总部经济为重点，加速岛内产业升级转型。

　　岛外大发展是拓展城市空间、提升厦门开放型经济水平的关键所在。要以岛内外一体化思路拓展新城新格局，加快基础设施、产业布局和公共服务跨岛覆盖和有序转移，推动产城人融合发展，加快推进城乡统筹和区域协同。以大产业集聚新城新动能，明确产业重点，聚焦产业前沿，引导数字经济、平台经济、智能经济等在岛外优先布局。要加快海沧、翔安港区的建设提升工作，承接东渡港区的业务转移，进一步做大做强厦门港口，破解港城矛盾，探索新时代以港兴城，港城融合新道路。要多措并举拓宽拓深港口陆地经济腹地，以厦漳泉都市圈为依托，以中西部货源为方向，拓展延揽货源纵深，做大做强外贸业务。稳步推进翔安新机场建设，完善以机场为核心的交通基础设施建设，发挥新机场向泉州的辐射作用，吸引晋江、石狮、南安等地毗邻客源货源，构建厦泉临空产业区，打造"海丝"核心区国际航空枢纽。争取自贸区进一步向岛外翔安等扩围，破解自贸区厦门片区范围过小、土地资源过于紧张的矛盾，以机场、港口和自贸区建设等为突破口，带动岛外落后地区实现跨越式发展。

第十一章

厦门构建更高水平对外开放的产业基础研究

第一节 厦门高水平对外开放的现代化产业体系建设基础与优势

当今世界正经历百年未有之大变局,中国处于重要发展战略机遇期。中国既面临着国际环境变化错综复杂的重大挑战,也面临着新一轮科技革命和产业变革加速发展的重大机遇。推进现代化产业体系建设和完善,是提升中国在全球价值链中的地位、培育国际竞争新优势、促进国际大循环的重要基石。厦门作为经济特区、自由贸易试验区、"一带一路"重要枢纽城市,坚持创新驱动发展战略,在高水平对外开放的现代化产业体系建设具有一定基础和优势,为建设高水平现代化国际化城市和迈向高质量发展提供助力。

一 以先进制造业巩固外向型经济实力

从国际局势来看,一方面,国际力量对比深刻调整,中国部分核心技术受制于人,重点领域、关键环节面临着供应链、产业链断裂风险;另一方面,面对贸易保护主义抬头、逆全球化趋势出现,唯有提升在全球产业链中的不可替代性,才可以使对外开放持续深化①。厦门具有先进制造业的发展基础和壮大实力,可逐步提升在全球产业分工体系中的竞争力和自主权,保障中国产业链供应链安全,并为更高水平开放型经济新体制建设提供产业支撑。在工信部公布"2021年度工业稳增长和转型升级成效明显市(州)"名单,厦门进入榜单前十名,排名第五位。

从产业布局来看,厦门已形成一定规模的产业集聚,对于创新实力积累、自主创新突破和国际话语权增强具有重要意义。当前,厦门具有半导体和集成电路、平板显示、机械装备、计算机与通信设备、生物医药与健康、新材料等六条先进制造业千亿级产业集群,厦门的这些产业大多附加值较高、产业链较为完整,吸引和培育了一批龙头企业,对于产业链自主可控和自主创新能力培育具有重要意义,为制造立国、质量立国贡献力量。

一方面,厦门的支柱产业在国内外具有一定影响,背靠国内超大规模市场优势,有助于深化在全球产业链的地位,从产品出海向标准引领转变。机电产品是近年来厦门出口的主要产品,近年来机电产品出口占厦门总出口值比重稳定在40%以上,在厦门外贸出口上取得较为突出的成绩。在全国影响力中厦门机电出口仍有较大进步空间,机电产品出口额占全国机电产品出口额比重在1.5%—1.7%,机电产品出口占总出口值的比重和机电产品出口额增速也低于全国水平,仍可以进一步提升(见图11-1)。

特别是在电子产业领域,厦门深耕海外合作,产值规模相对壮大,具有多条高附加值、广覆盖的产业链,仍有较大潜力值得挖掘。一是厦门平板显示产业形成了涵盖玻璃基板、面板、模组、液晶显示器、整机

---

① 黄群慧、杨虎涛:《中国制造业比重"内外差"现象及其"去工业化"涵义》,《中国工业经济》2022年第3期。

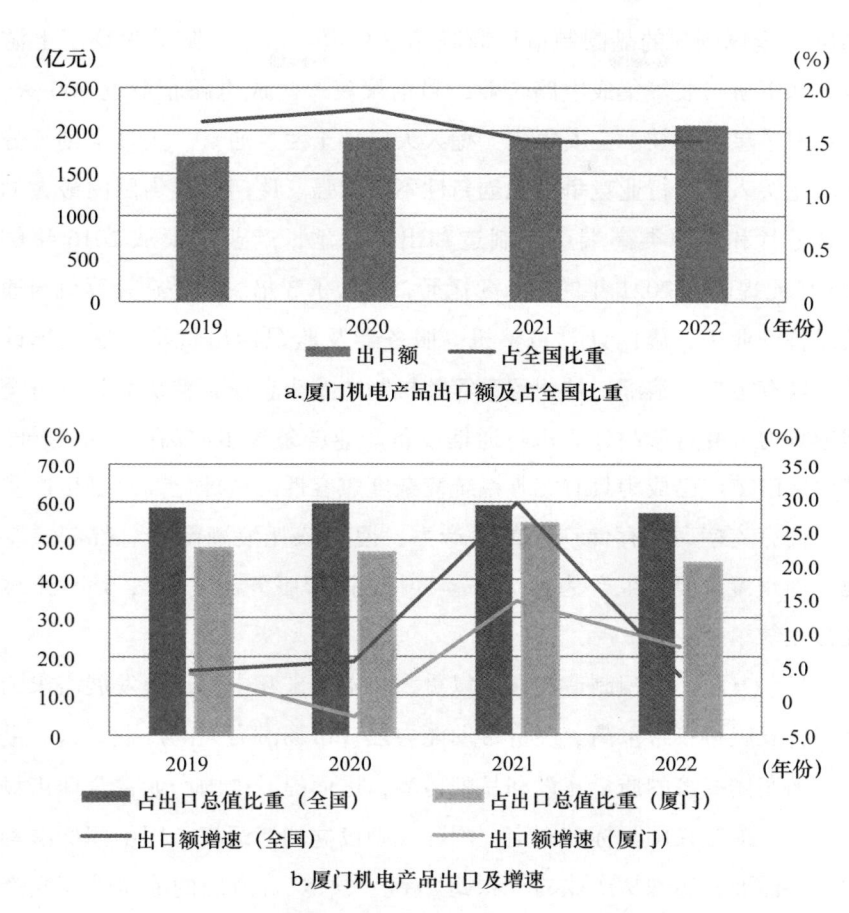

图 11-1 厦门机电产品出口情况

资料来源：海关统计快讯、厦门市统计局。

等较为完整的产业链布局，友达光电、冠捷、晶宇光电、宸鸿、达运等一批台湾光电企业落户厦门，带动了厦门本土企业快速成长，新技术、新产品、新工艺持续涌现，目前已成为国家光电显示产业集群唯一试点城市、全球触控屏模组最大研发生产基地。二是厦门的半导体和集成电路产业全面覆盖集成电路产业链的芯片设计、晶圆制造、封装测试、材料与装备、应用，已纳入国家集成电路和半导体产业规划布局。自

2014 年全球领先的晶圆制造厂商联芯落户厦门以来，陆续聚集了上游设计和下游封装等集成电路企业，目前聚集了集成电路企业近 300 家，并吸引了星宸科技、三安集成、瀚天天成、士兰、通富、美日丰创等分领域龙头入驻，行业竞争力和创新性不断增强。厦门已成为国内最大的 LED 芯片和光源类高端产品制造和出口基地，产业规模从 2016 年的 103 亿元提高到 2021 年的 308.8 亿元，增长了 3 倍。三是在计算机与通信设备产业中，厦门计算机整机、服务器及监视器出货量位居全国前列，具有戴尔、浪潮、神州鲲泰等整机制造龙头企业，整机品牌具有全球影响力。并且厦门计算机与通信设备产业链条逐步向高附加值延伸，戴尔厦门工厂已成为具有完善系统复杂度兼容性的全球化高水平生产基地，拥有支持高端存储产品的生产力；厦门依托浪潮南方总部制造基地、神州鲲泰厦门生产基地，打造"中国国产服务器之都"，培育全球性行业领军企业。

另一方面，厦门制造业布局以重大技术突破和中国重大发展需求为导向，发展科技含量高、经济带动能力强、市场潜力大的产业。这有助于中国实体经济的质量建设和品牌传播，进而提升中国产业在全球市场影响力，提升在国际标准制定、国际规则设立的话语权，用中国标准影响世界标准，实现从产业的"跟跑"到"领跑"。厦门的战略性新兴产业快速增长，2021 年规模以上工业战略性新兴产业增加值比上年增长 19.4%。其中，厦门的生物医药、新型功能材料产业集群于 2019 年入选国家首批战略性新兴产业集群。厦门生物医药港是厦门市生物医药产业的重要载体，在"2021 年国家生物医药产业园区排行榜"位列第十，较 2020 年上升 5 位，首度进入全国前十行列。外资企业锐柯在厦门拥有全球最大的医疗胶片工厂，本土企业金达威成为目前全球最大的辅酶 q10 生产企业，本土企业大博医疗成为国内创伤类植入耗材领域市场排名第一的骨科耗材企业。厦门新材料主要覆盖主要集中在金属材料、高分子材料、无机非金属材料三大领域，在全球具有一定影响力，厦门钨业全球市场占有率达60%以上,已经成为全球最大钨丝生产基地。厦顺铝箔为全球六至七微米铝箔最大的生产企业,也是全球第三大(中国最大)薄规格铝箔生产商。长塑实业主要供应高性能膜材,生产的高功能性BOPA膜材连续多年产销量在世界处于领先地位。

二 以前沿产业谋求国际高端合作

当前,新一轮科技革命和产业变革加速演进,人工智能、云计算、物联网、量子计算等颠覆式技术创新重塑产业体系,各国均参与到前沿产业的布局中。历次技术变革的历史经验表明,大国崛起与技术进步密切相关,中国在前几轮变革中错失了技术领先的机遇。新一轮工业革命中,为在全球竞争格局中抢占一席之地,中国加强基础创新,推进关键核心技术实现突破,向创新型国家迈进[1]。创新型国家的建立,离不开创新型城市的引领示范,厦门以创新发展为战略驱动,培育新动能新势力。根据科技部中国科技信息研究所发布《国家创新型城市创新能力评价报告2021》,厦门在78个城市中排在第12位,在福建省排名第一,并且是福建省唯二进入30强的城市,高于福州排名(第28位)。

一是厦门展开前瞻性布局,全面启动未来产业培育工程。未来产业以颠覆性技术引领生产生活的重大改变,世界各国均对未来产业进行了技术预测和产业布局,试图通过技术趋势预测掌握前沿产业发展先机。近年来,厦门开展了未来产业的顶层设计,制定未来产业发展的前瞻性计划。2019年,厦门科技局发布《厦门市未来产业重要发展方向目录》,将柔性电子、第三代半导体、新一代人工智能等十个前沿产业作为重要发展目标,此后,厦门市科技局又配套编制了《未来产业招商目录》和《未来产业·科技之光——厦门未来产业培育工程工作手册》,

---

[1] 黄群慧、贺俊:《赶超后期的产业发展模式与产业政策范式》,《经济学动态》2023年第8期。

以优化未来产业的商业环境,并进一步落实推进未来产业布局。为营造未来产业发展的良好生态,实现产业前瞻性布局的群策群力,厦门市科技局聘请了未来产业科技顾问,联合厦门日报进行"未来产业培育系列访谈"报道。同时,厦门召开了诸多未来产业相关的专题讲座、政党专题协商座谈会等,广泛凝聚各界人士的智慧力量,提升未来产业发展的软硬件条件。

二是厦门致力于搭建技术攻坚克难的平台,以高质量技术供给支撑现代经济体系建设。近年来,国际市场环境割裂,出口管制清单、反倾销、反补贴、保障措施等贸易摩擦与冲突不断,导致中国的装备、材料、零部件等面临断供风险。从中国自身发展来看,多项关键技术领域与国际领先水平存在较大差异,"卡脖子"问题依然突出。实践一再证明,核心技术是要不来、买不来、讨不来的。实现技术突破和技术引领才能在国际合作中掌握主动权。厦门以积累原始创新能力为方向,搭建共性技术、前沿引领技术、现代工程技术、颠覆性技术等相关创新平台。如搭建厦门科学城,集群化布局省创新实验室、新型研发机构、企业研发总部、科技企业孵化器、公共(技术)服务平台、重大创新应用场景等高能级创新创业平台。2022年,厦门印发《关于加快推进厦门科学城建设的若干措施》,将"集中布局建设重大创新载体""聚力打造新型研发机构集群"作为重要发展目标。

三是厦门注重创新能力在制造中实际应用,并打造产业"排头兵",推动制造业质量变革、效率变革、动力变革。一方面,厦门强化对现有产业的升级改造,实现工业强基、智能制造、绿色制造。如厦门加强对传统国有科技赋能,2022年厦门市科技局和厦门轻工集团进行战略合作,搭建厦门科学城首个未来产业园(轻工园),定位于新材料、新能源、智能制造等前瞻性和未来产业以及"三高"产业项目,致力建设轻工业领域的高层次人才集聚地、高新技术成果应用和转化基地,组织轻工业领域的关键核心技术攻关,努力科技创新轨道上的自立自强。另一方面,厦门注重将前沿技术应用于产业实践,通过示范区建设和骨干企业扶持等,激发产业创新活力。例如,2019 年厦门印发《厦门市加快数字经济融合发展若干措施》,旨在推动区块链、人工智能、5G、大数据、云计算等新一代信息技术与实体经济深度融合,打造国家数字经济融合发展示范区。又如,2020 年厦门市科技局印发《厦门市未来产业骨干企业备案管理办法》,截至 2022 年,176 家企业入选 2022 年度厦门市未来产业骨干企业名单(其中 2022 年新增 107 家),为骨干企业提供政策扶持。

三 以生产性服务业助推高新技术发展

过去中国劳动力充足,曾发挥劳动力生产要素的比较优势,发展劳动密集型产业,成为"世界工厂",尽管处于价值链低端,相对低廉的劳动力成本可以实现薄利多销,壮大产业规模,但伴随着中国人口老龄化加剧,传统人口红利消失,生产低附加值的产品已经不可持续[1],需要向加快向高附加值、高技术密集型"世界工厂+世界市场"转变。将制造业与生产性服务业相互融合则有助于提升产业附加值,促进价值链向高端延伸,同时生产性服务业也可以为现代产业体系搭建服务平台,增强对外开放竞争力。厦门作为全国为数不多的长期保持服务进出口顺差的城市之一,近年来服务贸易进出口额增速均快于全国水平(见图 11-2)。在生产性服务业发展上表现较佳,具有较多高附加值产业,发展经验可以为全国提供参考。

一是厦门以高端服务业发展为高端制造业汇聚资源。以厦门的航空维修为例,厦门是中国最早发展航空维修产业的地区,先后吸引了太古、新科宇航、霍尼韦尔等世界知名航企到高崎航空工业区投资兴业,

---

[1] 谢伏瞻、高尚全、张卓元等:《中国经济学 70 年:回顾与展望——庆祝新中国成立 70 周年笔谈(上)》,《经济研究》2019 年第 9 期。

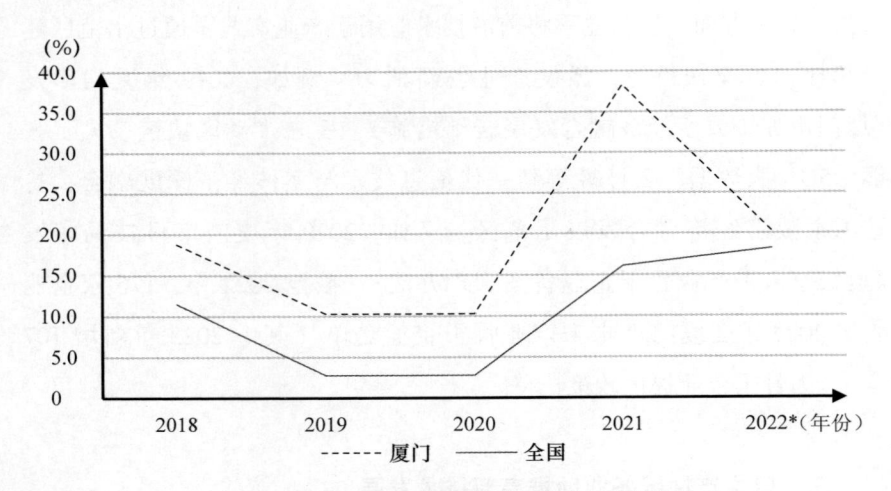

图 11-2　全国及厦门服务贸易进出口额增速

注：2022 年数据为 2022 年 1—9 月数据。
资料来源：国家统计局、厦门市统计局。

目前拥有 20 家航空维修产业，相关企业已积累了从机身到发动机、起落架及零部件的维修能力，形成"一站式"航空维修基地，产业链条以飞机结构大修为龙头，客改货、公务机整装、发动机维修、部附件制造与维修、航材保障和航空技术培训为辅助，超 80% 为境外维修业务。一方面，维修基地产业链齐全，形成了规模优势与聚集效应，不仅提升了国际竞争力，还汇聚了国际高技术含量的企业入驻。维修基地作为汇聚生产要素的平台，可以推动基地入驻的国际企业与国内飞机制造企业合作，保障国内飞机制造企业的供应链稳定。如，2022 年厦门太古发动机有限公司与 GE 航空集团就 CF34-10A 发动机品牌服务协议进行正式签约，CF34-10A 发动机用于中国飞机制造商中国商飞自主研发的首款产品 ARJ21 飞机，是飞机唯一选配的双发动力引擎。另一方面，维修基地通过为国际知名航企提供生产性服务，积累维修技术和管理经验，汇聚并培养了维修工程师，可以为中国飞机制造与维修储备技术与人才。同时，与中国商飞等国内企业签订战略协议，深耕整机维修及改装、部附件制造及维修等领域合作，有助于对接服务国家大飞机和两机战略。并且通过搭建厦门大学航空维修与工程技术研究中心等"政产学研用"平台，可持续推动中国航发民用航空发动机产品的研制。

二是厦门将生产性服务业与制造业紧密融合，为制造业转型提供助力。伴随着新一代信息技术发展，第二产业与第三产业融合趋势更为明显，产业边界变得模糊，要想抓住数字经济发展契机，仅依靠生产数字产品是不够的，还需要强化数字服务，从而建立数字经济发展生态。在新一代信息技术产业上，厦门不仅拥有平板显示、计算机与通信设备半导体和集成电路等三条制造业千亿级产业链，还拥有信息传输、软件和信息服务业这一条千亿级产业链，厦门信息传输、软件和信息服务业以工业软件和网络安全为发展根基，这与中国战略发展需求相吻合。一方面，中国核心工业软件与国际领先水平相差较大，制约中国产业安全，被视为"卡脖子"关键技术研究方向。工业软件头部企业占据了绝大多数市场份额，国内厂商在用户习惯培养、上游采购谈判力等方面存在劣势[1]。厦门在制造业上具有一定优势和较为广阔的市场，企业数字化转型和智能制造升级需求较大，为工业软件发展提供契机。厦门于2019年成立工业软件联盟，并通过举办厦门国际工业软件展等形式，挖掘工业软件市场，实现制造业转型升级和工业软件振兴的双赢。另一方面，网络安全关系到国家安全与社会稳定，伴随着车联网、物联网发展，网络安全不仅涉及生活领域还深刻影响着生产领域，发展网络安全产业既是市场需求也是国家战略导向。网络安全存在"木桶效应"，从威胁发现、监测预警、应急处置到信息共享的一体化安全防护能力不仅需要软硬件协调配合，还需要网络安全运维、网络安全专家等参与"实战"，厦门深耕网络安全领域的生产服务有助于构建网络安全体系的良

---

[1] 续继，贺俊：《制造业长期结构性供需失衡的成因与治理》，《理论学刊》2021年第4期。

好生态。

三是厦门发展科技金融，紧跟国际科技前沿。金融行业作为生产性服务业，不仅为实体经济的资本聚集和资源配置提供支撑，也受到国际前沿产业影响，与大数据、人工智能、区块链等技术融合，向科技化趋势演变。厦门注重金融科技发展，不仅用科技赋能金融业转型升级，也通过金融业转型升级服务于科技创新。厦门提出"大力建设科技强市、打造金融科技之城"战略。《厦门金融科技发展规划（2021—2025年）》成为厦门首个金融细分领域的专项规划，该规划提出要打造厦门金融科技产业集群，到2025年，力争形成10家以上具有国际水平、国内一流的金融科技领军企业，培育一批技术型、创新型金融科技新锐企业和细分领域龙头企业。并争取国内大型金融机构"一带一路"业务总部和科技总部落地。这对于提升厦门高速建成区域性金融中心，以金融发展服务实体经济具有重要意义。

四　以生活性服务业建立城市品牌

生活性服务业与其他产业发展是相辅相成，一方面，制造业、生产性服务业为生活性服务业高水平发展提供了软硬件支撑。生活性服务业需要依托大数据、云计算等生产性服务业提供的消费者侧写，分析消费者个性化需求，为消费者提供定制服务。制造业则为生活性服务业的网络化、数字化、智能化提供供应的高质量网络、存储、终端等硬件设备，另一方面，生活性服务业发展可以提升城市影响力和消费力，实现人才、技术、数据的流通，进一步刺激对于硬件设备购买需求，并为智能制造和大数据等产业提供数据资源，形成制造业、服务业相互促进的良性生态。从厦门的发展实践看，厦门生活性服务业发展对于厦门国际影响力提升、贸易规模扩大、现代化产业壮大均起到积极作用。

一是厦门为先进制造业配套生活性服务业，增强城市吸引力。如厦门利用区位优势致力于打造福建省唯一的海洋高新产业园——厦门海洋高新产业园。为建成具有较高展示度的海洋经济示范片区，园区以第二产业为主、第三产业为辅，重点产业布局不仅包括海洋生物医药与制品、海洋高端装备与新材料、海洋信息与数字产业、渔港经济与海洋种苗业、蓝碳及海水综合利用等先进制造业和前沿产业，还包括海洋文创与高端滨海旅游。文创和旅游产业发展，有助于增强园区的宜居性和吸引力，打响园区品牌，对于园区发展海洋研发创新和海洋总部经济具有重要作用。

二是厦门创建文化品牌，刺激经济双循环。中国作为世界上唯一拥有联合国产业分类中全部工业门类的国家，尽管轻工业产品制造能力强、工艺好，却多为贴牌生产，产品附加值低，缺少自有的国际知名度品牌，特别是未能抢占高附加值的奢侈品市场。提升中国文化影响力或能更好带动工业品消费，厦门积极举办海峡两岸文博会，推动金鸡国际影展扩容增量提质，有助于打造国际影视传播及文化交流平台，增强"国潮"热度，并且通过展示明星红毯穿搭，有助于推动国产自有品牌服装、箱包、饰品、化妆品等国内外消费者接纳并购买。

三是厦门发展动漫游戏产业，促进文化贸易与数字贸易。厦门是国内动漫游戏产业起步早的城市之一，截至2021年，厦门123家游戏企业累计实现营收85亿元，其中超亿元的企业达17家，为支持游戏企业出海，厦门对游戏产品在境外平台上线的渠道费用和通路费用按5%给予补贴。2020—2021年共计兑现587万元，支持了25家企业。2022年厦门成立了包括重点企业、高校科研院所、第三方机构等在内的40家单位在内的厦门游戏产业联盟，进一步推动游戏产业高质量发展。游戏产业发展不仅有助于国际文化传播，还有助于带动AR/VR、体感器等硬件购买和对5G、千兆固网等技术的信息消费，实现消费行业与生产行业的双促进。

第二节 厦门构建更高水平对外开放的产业生态

厦门以质量效益提升和核心竞争力增加为导向，发挥区域协同优势，展开现代化产业体系布局，并为实体经济清除障碍，实现资本、技术、数据等要素畅通流通。

一 以政策探索优化营商环境

厦门对标国际营商环境优化办法，参考世界银行营商环境的评价指标，对标新加坡等境内外先进城市经验做法，积极探索服务于建设国际一流营商环境的政策举措。

在管理体系建立上，一方面，厦门积极营造诚实守信的社会环境，作为全国首批社会信用体系建设示范市，在全国率先出台地方信用立法《厦门经济特区社会信用条例》，并推出《厦门市社会信用评价和分级分类管理办法（试行）》，以提高社会信用水平，创新社会治理机制；支持公共信用信息数据市场开发和运用，推动信用服务机构做大做强。并在港航等利用实践信用体系建设，定制"守信红名单"和"失信黑名单"，为金融机构融资授信提供参考。另一方面，厦门启动高标准知识产权保护体系建设，印发《厦门市国家知识产权强市建设示范城市工作方案（2022—2025年）》，推进两岸与"一带一路"知识产权经济发展试点，打造国际知识产权新城名片。

在创新产业政策上，一方面，厦门给予高新技术企业资金扶持。以《厦门市先进制造业倍增计划实施方案（2022—2026年）》为例，厦门设立150亿元规模的技术创新基金，对技术创新基金"白名单"企业，对企业研发费用给予不超过50%，最高5000万元的融资支持，企业按2%的年利率来承担融资的费用，其他融资费用由财政给予补贴。另一方面，厦门以疏通产业发展中的问题为导向，疏通企业面临的痛点和难点。例如，集成电路等高新技术产业面临着核心零部件价格贵、税负高、通关难的产业发展共性难题，厦门在全国率先开展集成电路保税研发试点，推动了全产业链公共服务平台建设。

在数据治理上，厦门积极强化数据治理的立法实践，发布《厦门经济特区数据条例（草案）》等，成为继深圳以后第二个发布数据条例的经济特区，数据条例为数据要素市场培育、数据安全保护等提供细则，并提出跨境数据制度探索。当前较多国家和地区对于数据跨境进行立法限制，以保障本土利益与安全，同时多个多边贸易组织也研究制定数据跨境流通的规则，在数据安全与数据流通之间进行平衡。贸易组织、各国及地区尚未对数据跨境流通达成共识，厦门进行跨境数据流通的制度规则探索，有助于未来参与到国际数据规则的设计与制定中，可以助力中国在数字贸易中掌握话语权和增强影响力。

二　以基础设施建设增强互联互通

为推进高水平的区域合作，厦门持续优化基础设施建设，打造互联互通枢纽，将基础设施建设作为巩固多边合作关系的重要抓手。

在传统基础设施建设上，厦门围绕经贸合作，强化海陆空通道，持续打造海上合作战略支点城市。一是打造中国首个以航运为主题的"一带一路"国际综合物流服务品牌和平台——"丝路海运"品牌。厦门开辟"丝路海运"命名集装箱航线，并制定多项丝路海运航运服务标准，提供高质量海运服务，为中国与"海丝"沿线国家和地区合作提供平台。同时，通过成立"丝路海运"联盟并拓展成员、举办"丝路海运"国际合作论坛等形式，扩大品牌影响力，构建以航运为主干、多行业共生的跨界型、综合性港航发展的生态圈。二是拓展中欧（厦门）班列与海铁联运，建成中国自贸试验区中的首条中欧、中亚班列，实现"海丝"与"陆丝"的无缝对接。通过海铁联运延伸服务中国台湾、东南亚地区，实现多式联运的双向运行，推动中欧（厦门）班列成为辐射中国中西部和欧洲、东南亚地区的物流通道。三是大力发展航空货运，打造"丝路飞翔"品牌。目前，厦门空港是国内五大口岸机场之一，跻身全球百强机场。为进一步提升厦门的客运及货运能力，厦门市加快厦门基地货运航空公司筹建，并按照国内机场最高等级 4F 标准推进厦门新机场全面开工建设。

在新型基础设施建设上，一是强化城市信息基础设施建设。厦门推进"双千兆"光网城市建设，于 2022 年推出《厦门市创评"千兆城市"工作方案》，加快打造协同效应显著、辐射带动能力强、商业模式清晰的 5G、千兆光网与行业融合创新的应用场景。在工业制造领域，利用 5G 和千兆光网改造工业内网。光网城市建设在供给侧为企业互联互通提供技术保障，在需求侧依托光网创造更多信息技术应用场景，让消费者参与到数字生活中，扩大信息消费的潜在市场。同时，厦门布局与推进厦门鲲鹏超算中心、厦门市工业互联网标识解析综合型二级节点等重点项目建设，多点发力强化网络基础设施、新技术基础设施、算力基础设施。二是厦门深化在新型基础设施领域与国际的合作。2020 年启动的金砖创新基地建设，形成了工业和信息化部、福建省、厦门市三方共建机制，成为厦门推动与金砖国家往来互通的平台，厦门将建设国际互联网专用通道、畅通金砖国家大数据流通管道作为发展的重要举措。2022 年金砖创新基地工业能力共享平台、产业链供应链协同创新平台、数字领域标准验证与创新应用平台、人才培养服务平台等 8 大赋能平台正式上线，实现供应链共建、数字化共享与智能化共促。三是厦门打造公共科技创新服务平台，推进创新基础设施建设。厦门搭建电路产业公共技术服务平台体系，建成了厦门市集成电路设计公共服务平台、海沧 IC 设计公共技术服务平台、厦门市集成电路研发设计试验中心 3 个公共技术支撑平台，以支撑科学研究与技术研发。

三 以模式创新提升配套服务效率

厦门通过一系列的模式创新,为国际贸易,以及互联合作提供高水平服务,以促进高水平对外开放。

一是打造集多功能于一体的现代化国际化法治创新区。2021年11月5日,厦门市海丝中央法务区正式启动建设,定位于建成现代化国际化法治高地,构建具有国际影响力、世界知名度的法治创新平台。海丝中央法务区不仅在组织框架与工作机制上需求创新,进行"一平台、五中心"的国际法律服务矩阵打造,形成"一对一对接、专项推进"工作机制,还致力于推进全链条国际商事海事纠纷解决体系建设,改革和创新涉外司法审判体制机制,做出的贡献与突破包括发布全国海事法院首个《仲裁司法审查案件审理工作指南》、首次使用企业破产法关于互惠原则、审结全国首例裁定承认新加坡航运公司管理人身份案等。同时,海丝中央法务区还致力于科技赋能企业和护航企业出海,推进法务科技创新聚集地创建和探索创新企业外贸合规体系,推动数字化企业合规中心设立,并遴选发布法务区企业外贸合规服务机构。

二是创新企业孵化办法与产业培育体系。其中,厦门生物医药港已形成相对成熟的"创业苗圃—孵化器—中试基地—加速器—产业园"接力式孵化与产业培育体系,不仅为创业团队、初创企业、高成长企业等不同发展阶段的团队和项目提供研发、中试放大、产业化生产、医药销售、仓储物流等环节的空间和基础设施,还为企业提供政策咨询、知识产权、注册申报、投融资、人才招聘与培训等配套服务。同时,厦门生物医药港高端医疗资源的合作,探索医产融合模式。在2022年福建印发的《福建省加快生物医药产业高质量发展的实施方案》中,厦门成为两个创新核心区之一,"厦门生物医药港"模式做法被在全省范围内推广。

三是以数字化手段提升服务效率。在政务服务上,厦门打造了全市统一的政务服务数据共享平台、城市治理平台、物联感知平台等,"e"政务自助服务的共享自主终端模式、社会化建站模式、"刷脸"自助办事模式、自主服务跨省通办模式等均为全国首创,切实做到了打通政务服务"最后一公里"。在国际海运上。厦门推进"丝路海运"航运综合服务平台建设,强化门户网站建设、数据资源建设,开发物流可视化系统、运营服务系统、在线订舱系统、联盟成员服务系统。在法律服务上,海丝中央法务区探索线上审判、线上纠纷化解、线上法律服务路径,加快数字政法链、智慧法务链建设。在贸易服务上,建设厦门国际贸易"单一窗口"系统集成创新平台、跨境电商综合服务平台等,首创出口企业自主结汇模式,实现业务申报线上办理。并深耕数字自贸试验区建设,启用"掌上通App"、口岸查验机器人、海事国际航行船舶疫情防控监管平台等,创新监管模式。

四 以区域协同整合产业优势

战略型新兴产业在中国具有较好发展前景,但在发展实践中,部分地区没有充分因地制宜、因业施策,盲目跟风发展战略型新兴产业,并给予企业较大扶持力度,使技术研发能力有限企业落户该地,不仅不能提升该地区产业竞争力,还容易陷入资本之争而非技术之争,资本炒作、造假骗补等行为频发,而地区间争相布局同类产业,则会导致过剩投资,并引发恶性竞争严重。要实现产业有序发展,应规避地区内和区域间因同质化竞争引发的"内卷"。厦门将协同发展作为产业布局的重要原则,不仅实现了全市的协同,还带动周边地区进行区域间协同,充分发挥产业比较优势,推动实现共同富裕。

从厦门市整体布局来看,厦门充分发挥各区优势,坚持全市一盘棋。一方面,厦门注重产业空间布局的全局性,区域联动实现优势互补。2021年,厦门市发改委、市工信局、市资源规划局《厦门市产业空间布局指引(2021年本)》,对全市产业空间进行系统梳理,协调各区域进行差异化、特色化和协同化的产业发展。在自主创新上，推动厦门科学城在建设时，也强调促进区域产业协同联动发展的职能，要建立科学城产业发展联动区，对接全市产业发展布局。另一方面，按照差异化布局，产业发展避免了同质化竞争。以集成电路发展为例，作为国家集成电路产业布局的重要环节，厦门集成电路产业形成火炬高新区、海沧台商投资区、自贸区湖里片区等三个重点集聚区，做到"全市统筹、差异布局"，并坚持"有所为、有所不为"。其中，火炬高新区起步较早，已形成集成电路设计及关联产业园、集成电路制造和配套产业区和集成电路人才培养基地空间载体分布，覆盖了芯片设计、材料与设备、晶圆制造、封装测试、应用等集成电路全产业链，发挥"引来一个、带动一批、辐射一片"的聚集效应，建设生态化的IC产业新城，承担了初创企业和创新项目培育，以及人才吸纳与培育职能。海沧台商投资区围绕封测、载板等在细分领域打造比较优势，致力于"完善、补齐"厦门乃至福建集成电路产业链的关键环节，选择"先制造后设计"的技术路线，重点在以产品导向的特色工艺、先进封装测试和集成电路设计等产业上发力，特色工艺和封测能力增加产业链附加值。自贸区湖里片区建设了两岸集成电路自贸区产业基地、厦门科技产业化集团空港北基地，并搭建集成电路保税交易公共服务平台，充分发挥自贸区的政策资源以及保税优势，强化与海外交流，在集成电路研发设计、封装测试、交易结算、人才培训等领域发力。

从厦门与周边城市的协同来看，厦门积极推动厦漳泉都市圈建设纳入国家都市圈规划布局，推进同城化和产业一体化，其中漳州具有农业资源丰富、生态环境优越的优势，泉州工业基础雄厚、并拥有资本实力与侨胞资源，可与厦门形成优势互补。厦门作为经济特区深耕高技术产业与现代服务业的经济特区，带头探索区域间的"飞地经济"模式，在安溪南翼新城启动思明园建设等，打破区域划分限制。同时，厦门引领闽西南协同发展区建设，牵头与漳州、泉州、三明、龙岩4市建立了一系列区域协同发展机制。2018年8月，闽西南经济协作区联席会议制度建立，此后《闽西南经济协作区五市关于加快推进协作区建设的意见》《闽西南五市贯彻落实协同发展区发展规划的意见》等文件陆续印发。区域间产业合作逐步加强，如厦门市火炬管委会与三明市共建厦明火炬新材料产业园、龙岩市与厦门钨业签订稀土产业发展合作框架协议等。2022年发布的《厦门市海沧区—漳州台商投资区加快融合发展打造区域协同发展先行示范区的实施方案》，提出要探索"产业园区+创新孵化器+产业基金+产业联盟"一体化推进模式为闽西南协同发展区提供示范标杆。

第三节 厦门人力资本与外向型吸引力构建

新一轮科技革命不仅重塑了全球创新版图和经济结构，也对科技人才和职业技能有了新的要求。当前中国科技领军人才与技术工人仍存在较大缺口，厦门宜居性强，且配套人才政策，可以吸纳技术、管理、融合等多类人才就业，同时，厦门高校、研究机构分布密集，产业集群众多，也可以为职业人才培养提供产、学、研合作的实践基地，形成良性发展的智慧资源聚集的良性生态。

一 以人才计划汇聚智力资源

厦门市在人才计划上布局较早，并针对不同层次的人才形成了较多创新制度。人才引进和扶持政策为厦门研发创新、提质增效提供了智力支撑，保障厦门各类产业的高质量发展，为高水平对外开放和创建城市名片提供助力。

一是厦门市加强对高层次人才的引进。厦门较早进行了高端人才吸纳政策的顶层设计，并通过制度创新惠及高端人才。2013年厦门发布《厦门市实施"海纳百川"人才计划，打造"人才特区"2013—2020

行动纲要》，建立"海纳百川"人才政策体系，大力集聚高端人才，创立重点产业紧缺人才计划、高层次紧缺型金融人才计划、海洋经济发展人才计划等12项人才计划，并提供财政投入优先保证政策、高层次人才引进优惠待遇政策、本地领军人才特殊支持政策等7项支撑。厦门市形成"白鹭英才卡"创新制度，高层次人才凭借"白鹭英才卡"享受子女入学、配偶安置、落户、住房、医疗保健、养老保险、税收、金融、出入境、通关等多项政策优惠。2020年，厦门发布《厦门市高层次创新人才和领军型创业人才"双百计划"实施意见》，围绕厦门经济发展需求，引进国际国内领先水平的高层次创新人才、产业发展急需的领军型创业人才等，并致力于进一步打造一支高水平的创新创业创造人才队伍。

二是厦门推进国际化人才高地建设。一方面，厦门举办多项海外高层次人才吸纳活动，通过"鹭创未来"海外创业大赛、厦门金砖创新基地人才赛道暨留学人才创新创业大赛、中美青年创客大赛、"春晖杯"留学人员项目厦门行等项目搭建厦门和国际化高端人才双向选择通道，并通过成立"驻北京国际化人才工作站"等方式，向国内的国际化高端人才聚集高地借智借力；另一方面，厦门为国际化人才创新创业搭建平台。于2002年创立福建省首家国家级留学人员创业园，搭建人才集聚的产业平台，创业园在人才交流和国际合作等方面取得显著成绩，在《2022中国留学人员创业园区孵化基地竞争力报告》中，厦门留学人员创业园在全国排名第三位，相较于2021年进步了一个名次。

三是厦门根据人才水平和产业战略分类施策，优化人才服务。一方面，厦门制定人才认定与评价标准，发布并及时更新《厦门市高层次人才评价认定标准》，将高层次人才分为A+（杰出人才）、A（国家级领军人才）、B（省级领军人才）、C（市级领军人才）四类。并推出"留厦六条"，包括提高补贴、配偶安置、子女入学、人才安居、个税奖励、医疗保健等一揽子人才服务。另一方面,在重点产业领域争取紧缺人才留厦工作,落实人才强市,打造"人才特区"。厦门发布关于进一步实施《厦门市重点产业紧缺人才计划的暂行办法》《厦门市重点产业紧缺人才计划实施办法》《厦门市重点产业紧缺人才引进计划实施细则》等系列文件,并根据厦门市产业战略逐年发布《厦门市重点产业紧缺人才引进指导目录》,对申报人才根据业内影响力、工作期限等进行分类,按分类落实薪酬津贴、劳务报酬津贴、白鹭英才卡推荐申请等政策。

四是厦门为毕业生出台补贴政策,为城市发展储备潜在人才。厦门市于在全国率先出台针对毕业生群体的补贴政策,2017年发布《厦门市新引进人才生活补贴实施办法》,对具有全日制硕士研究生以上学历人才提供新引进人才生活补贴,并对硕士研究生和博士研究生提供分类补贴。2020年厦门发布《厦门市大中专毕业生就业工作领导小组关于贯彻实施2020年普通高等学校毕业生就业创业工作的意见》《新引进本地高校全日制本科毕业生生活补贴办事指南》,为本科毕业生提供生活补贴,新引进人才生活补贴的学历范围进一步扩大。

二 以基础教育增强城市宜居性和储备未来人才

教育资源均衡性对于城市可持续发展具有积极意义。从短期来看,教育资源关系到一个城市的宜居性,随迁子女享受到公平上学机会,有助于更多流动人口参与到城市建设中去,对于城市吸纳人才和留住人才具有积极意义,进而可以推动城镇化发展,增强城市竞争力,为城市国际化储备声誉和实力。从长期看,随迁子女也是潜在的人才资源,对随迁子女的平等对待,强化对随迁子女的教育关爱和人文关怀,有助于让更多随迁子女在居住城市健康成长并找到归属感,当随迁子女长大并学有所成时,会更易选择留在居住城市参与城市建设。由此,基础教育均衡性对于城市长远储备人才具有积极作用。厦门在公共教育服务体系建设上起步较早,对于随迁子女入学问题采取了较多创新手段,可为全国提供示范。

一是厦门落实公立学校公平入学制度，为进城务工人员随迁子女提供教育保障。厦门市为保障进城务工人员随迁子女义务教育阶段入学，采取了随迁子女积分入学制的创新手段。2014年，厦门发布了《厦门市人民政府关于进一步做好进城务工人员随迁子女义务教育工作的通知》，加强组织进城务工人员随迁子女积分入学工作。目前，适龄随迁子女可在实际居住区申请参加积分入学按务工社保积分和稳定居住积分两个项目计算积分，较高比例进城务工人员随迁子女可以在厦门接受义务教育。2017—2022年，厦门市符合条件的随迁子女就读公办学校比例持续保持在70%左右。

二是厦门支持和规范民办教育发展，对未能录取到公办学校的进城务工人员随迁子女及时引导到正式审批的民办学校就学。2011年厦门发布《厦门市推进义务教育均衡发展国家教育体制改革试点工作方案》，将进城务工人员随迁子女免费接受义务教育从公办学校扩大到民办学校，进一步促进城乡教育公共服务均等化。2014年厦门就已对民办义务教育学校实行分级管理和定级评估，并建立政府分级补助办学经费制度。对于招收经教育部门统筹安排的且符合条件的随迁子女且按规定免除学生学杂费、课本费、簿籍费等费用的民办义务教育学校，分等级给予办学经费补助。

三是厦门探索标准化学校评估，保障教育资源均等性。2012年起，厦门开展"义务教育标准化学校"评估探索，2014年在福建省率先实现全域通过国家评估认定，2020年已基本实现义务教育学校管理标准化，逐步实现教育资源的"岛内外一体化、城乡一体化"。厦门的义务教育管理标准化学校建设与评估，不仅局限于教育资源的基本均衡，还延展到优质教育资源均衡发展，一方面，为农村和偏远地区配置了英语、体育、音乐、美术、科学等学科专任教师，保障农村学生全面发展；另一方面，通过组织专家组，进行查阅资料、实地查看、问卷调查、随机访问等方式，全面掌握学校管理工作的薄弱环节，推进学校深化改革。

三 以职业教育体系完善服务外向型产业

职业教育可以为现代化产业体系建设保驾护航，职业教育可以提升劳动者技能与职业素质，从而增强产业发展的国际竞争力，特别是伴随着中国产业从劳动密集的低端产业向技术密集高端产业转型，将产业工人和服务人员培养成技术工人显得更为重要，能促进中国更好参与到国际协同中。厦门具有较为丰富的职业教育资源，并探索在职业教育的海内外合作，在职业教育体系上均取得一定成绩，可以储备技术人才服务于外向型产业建设。

一是厦门市持续提升职业教育办学水平，并探索创办示范性应用型本科高校。一方面，厦门职业学校资源较为丰富，且紧贴厦门先进制造业、现代服务业和战略性新兴产业进行技能人才培养。2021年，厦门市共有8所市属高职院校，占市属高校的三分之二；中职学校13所，技工学校8所。7所高职学校为福建省示范性现代职业院校，厦门城市职业学院和厦门工商旅游学校分别被列为福建省示范性重点建设高职院校，被教育部认定为优质专科高等职业院校，入选全国职业院校学生管理50强；5所中职学校被列为国家中等职业教育改革与发展示范校。另一方面，厦门市积极探索应用型本科高校建设，以应用技术类型为办学定位，提高学生社会职业素养和创新实践能力。厦门理工工学院、厦门华厦学院均为应用型本科高校。其中，厦门理工学院入选福建省一流学科建设高校和福建省示范性应用型本科高校，正在争取更名为"厦门理工大学"。

二是厦门在人才培养体系上探索校企合作的现代学徒制，做到

"招生即招工、入校即入厂"。厦门市打造校企"共商、共建、共育、共管、共享、共赢"的"三双两段制"学徒制培养模式,推进现代学徒制和"二元制"技术技能人才培养模式改革试点项目。2021年,集美工业学校、厦门工商旅游学校在全国技能竞赛总成绩中排名前列。在福建省教育厅公布的福建省高水平职业院校和专业建设计划名单中,厦门市12所院校入选高水平职业院校,19个专业群入选高水平专业群。

三是厦门以合作交流为导向促进职业向高质量发展新阶段转型。2021年3月,《教育部福建省人民政府关于支持厦门职业教育高质量发展助力两岸融合的意见》正式印发,强化技能培训,持续推进1+X证书制度试点,拓展厦台职业教育人才培养培训;推动厦台职业教育合作,扩大境外办学和留学生招生规模;强化技能培训,持续推进1+X证书制度试点,拓展厦台职业教育人才培养培训,整合两岸职业教育资源,为全国职业教育改革提供可推广可复制的"厦门经验"。

四 以产教融合培养多层次技术人才

技术人才培养不仅需要学校教育,还需要社会力量参与,需建立终身教育的教育体制,使劳动者技能与日益革新的现代制造业、现代服务业相匹配,厦门市不仅"入校即入厂"的职业教育进行了体系完善,在"入厂即入校"的产教融合体系建设上,也做出了突破性尝试,并针对国家产业发展的战略需求,设计与搭建了紧缺基础性人才的培育办法与平台。

一是厦门为搭建产教融合创新平台,为紧缺人才培养和关键核心技术攻关提供"助推器"。2019年5月,教育部正式批复同意建设厦门大学国家集成电路产教融合创新平台,厦门大学成为全国首批承担国家集成电路产教融合创新平台建设任务的4所高校之一。厦门大学国家集成电路产教融合创新平台是集成产业人才培养、科学研究、学科建设于一体的科技创新区域共享型平台。一方面，厦门大学国家集成电路产教融合创新平台注重"产和教"全链条合作，主平台建设在厦门大学翔安校区，并与厦门市海沧区人民政府、龙头企业三安光电股份有限公司共建集成电路工艺中后端产业实训分平台，重点发展集成电路设计、特色工艺与先进封测、第三代半导体、未来显示等"卡脖子"关键技术和产业急需技术。另一方面，厦门大学国家集成电路产教融合创新平台积极探索多方协同和资源共享模式。2022年，为进一步发挥厦门大学国家集成电路产教融合创新平台的引领和辐射作用，厦门大学与福建省集成电路企业、科研院校、行业协会等单位合作，发起成立福建省集成电路产教融合创新发展联盟，探索产教融合育人新模式。并且平台与厦门市属学校进行教育资源共享共建，与厦门工学院等学校在实习实践环节、师资培训、非学历教育、科研设备共享等方面进行资源共享及合作。

二是厦门加强在职培训与终身学习，并通过产业职称改革强化技能认证。一方面，厦门推进终身学习制，对于在职工人加强先进技能培训，确保工人技能时效性。厦门大学国家集成电路产教融合创新平台不仅积极推进产业人才培训，已举办多场培训会，为国内多家集成电路企业员工、多所高校与企事业单位人员提供线上线下培训；并且与港澳台地区进行教育资源的共享，在全国率先推出集成电路企业台港澳籍技术骨干在职攻读博士学位项目，开创了引进港澳台优秀人才的合作范式。另一方面，厦门推进产业职称改革试点，以技能认证促进人才顺畅流通。2017年厦门发布《航空维修产业职称改革试点（厦门自贸片区）工作实施方案（试行）》，率先启动航空维修产业职称改革试点，采用"自主评价+业内评价+市场评价"的多元评价体系，并收集自贸区航空维修企业专家与企业负责生产技术的部门经理以上人员信息，积累评委库资源；将评审服务端口前移，实现技术人员"家门口"评职称。

第四节　从产业视角看厦门构建更高水平对外开放的相关建议和方向

一　强化基础设施建设，为外向型产业布局积累硬实力

厦门已在传统及新型基础设施建设上取得一定成绩，应进一步完善基础设施建设，持续为互联互通和外向型产业布局提供优质服务，为国内在新型基础设施领域的国际合作提供示范。

一方面，应进一步在基础设施建设上发力，做好"丝路海运"等品牌建设，建设国际物流大通道。并且应将传统基础设施建设与新型基础设施建设相结合，构建稳定的供应链物流体系和产业链生产体系。在产业园区加快5G、千兆光网、数据中心、物联网、人工智能等基础设施建设，进一步普及并拓展数字化仓库应用，即时采集产业的供应、生产、调度、市场数据，通过大数据分析全面掌握国内外产业的供需现状和预警潜在危机，并对产业园区的企业运营现状进行的测试评价和工艺优化。

另一方面，完善公共服务平台建设体系，引入科研机构、高校专家形成智囊团，通过企业走访、用户调查等实地考察方式，了解企业研发的现状和痛点，形成完善创新创业平台建设和改革的举措。当企业面临疫情、贸易摩擦等原因导致的周期性波动时，企业资源调度能力有限，可协助企业借助工业互联网平台等，对接工厂、设备、用工共享，提升资金、人才、土地等要素市场配置效率，提升企业应急处理能力。并发挥厦门作为"海丝"战略支点城市的优势，强化海外合作，依托厦门金砖新工业能力提升培训基地联盟进行公共服务平台探索，通过空间资源共建共享等方式突破厦门开发建设面积较小的空间制约。

二　完善产业发展的配套支持，形成对外开放产业良好生态

厦门在现代产业体系建设上已经形成一定规模，为进一步加强现代制造业与现代服务业建设，使厦门外向型产业增强国际影响力，还应完善配套产业支持，形成良好产业生态，为全国提供前沿技术协同创新、知识产权保护和营商环境优化的经验。

一是厦门应完善前沿技术协同创新机制。厦门在前沿产业和先进制造业上具有一定优势，且在差异布局上做出较佳探索。应扩大区域协同范围和建立产业优势互补机制，与邻近地区合作建设产业发展联盟，并形成区域间龙头企业"以大带小"机制。并进一步优化地区内和区域间的科研管理与服务机制，为前沿技术研发和落地提供针对性强的金融与财税方案，简化资金管理程序，完善科研项目绩效管理方式，形成完善的研发激励机制。

二是厦门应强化知识产权保护，营造良好服务贸易生态。厦门在数字贸易、文化贸易方面均起步较早，并有较好探索，服务业的知识产权保护至关重要。厦门应基于现有知识产权运营公共服务平台、社会信用评价和分级分类管理方案等，探索企业研发成果的使用、处置、收益保护办法，并探索"跑零次"的线上调解相关办法，并通过海丝法务区为外资企业、民营企业等提供法律咨询，并为中小企业提供法律援助和案例科普。

三是强化社会监督在营商环境中的作用。营商服务的优化不仅要对标国际营商环境指标和学习发达国家及地区的经验，还要走向群众，切实了解自身发展的痛点。应建立政府主导监管、行业协会协调、企业创新自律、公众参与监督的营商环境评价与监督体系，通过企业座谈、行业会议等方式，充分了解企业在实际经营中面临的难点、痛点，并畅通和宣传政务服务和公共服务的建议和投诉渠道，实行线上和线下相结合的反馈机制，避免企业及市民发现营商环境存在的问题时，想不到或找不到监管机构投诉和寻求保护。

三 加快制度创新探索，为全国提供实践方法与示范方案

厦门为发展外向型产业配套了一系列政策，诸多创新制度为全国首创，应保持现有优势强化制度探索并总结发展经验，为全国提供社会信用评价体系建设、国际化法治创新平台搭建和跨境数据流通探索上的范例。

一是厦门应通过社会信用评价的实践为全国社会信用评价建立参考方案。厦门已强化了公共数据体系建设和开展社会信用分级分类管理，还应加强社会信用管理的动态设计与监管机制，设计部门联动、政企协同的数据治理班子，根据管理实践调整和修改公共数据开放的整体规划与协同机制。同时，在公共信用信息数据市场建设上，组织专家团队探索公共信用信息数据确权和数据资产定价的办法，并总结公共信用信息数据交易的经验并形成案例，为其他区域提供参考。

二是推进国际化法治创新平台建设，通过发展海丝中央法务区积累经验，提升法治化营商环境。将海丝中央法务区的法律服务紧密的与厦门市产业发展方向相结合，通过组建核心团队、智库等方式积累智力资源，增强法律服务的针对性和比较优势，以提升在国际上的不可替代性和世界知名度。借助数字手段，优化智慧法务云平台建设，将"实体、热线、网络"一体化的公共法律服务模式向全国推广。并凭借区位优势和地缘关系，进一步构建涉台法律服务保障体系，为台胞台企在大陆投资办厂提供法律咨询和纠纷调解保障。

三是厦门在探索跨境数据流通上具有区位优势，通过调整跨境数据流通的规范细则，并强化与海内外合作，形成算力、算法、数据多维的互利共赢。在国际合作上，厦门可依托金砖国家新工业革命伙伴关系创新基地等进行跨境数据流通示范，深耕跨境数据枢纽港、离岸数据中心的建设。在国内互通上，厦门可发挥与台湾在数字技术与数字服务上的

合作优势，强化与台湾在数据流通领域合作。

四　加快产业自主创新，保障国家产业链供应链安全

厦门作为国家众多战略新兴产业汇聚的重要城市之一，在工业产业链建设还有待完善，以保障大国博弈加剧背景下国家产业链供应链安全。一方面，厦门主导产业本地配套协作水平较低，新型显示、集成电路等产业链上下游企业尚未建立稳定供应关系。例如，新型显示产业是厦门重点发展的产业，但在供应链完善和产业链生态尚存在较多问题。玻璃基板、偏光片、光阻等关键材料的本土化供应仍需要进一步完善，自动光学检查机、步进扫描投影光刻机等前段制程设备等关键设备本土化仍受到阻碍。另一方面，厦门在高精尖产业发展上仍与世界发达水平存在差异。在集成电路制造装备发展中还存在着落后和"卡脖子"情况，仅有荷兰等少数国家掌握 5nm 和 7nm 的集成电路装备，且对中国限制销售，台积电与韩国三星的主要芯片代工线为 7nm，而厦门联芯等中国本土企业目前稳定工艺是 28nm，与世界发达水平差距较大。

厦门应加快产业链供应链建设，为推进全国产业体系现代化贡献力量。一方面，厦门在进行产业链、供应链体系布局和人才培养时，充分考虑全国产业发展现状及未来布局，从而实现补链、强链、固链。一是厦门应加强产业联盟、产学融合平台建设，储备未来产业的技术与人才。并建立系统梳理产业安全领域的短板和命门的机制，并定期分析国际形势，掌握产业供应环节存在的弱点，预计突发事件概率，有针对性开展中短期和长期产业布局，增强产业链协同、开放、创新。二是厦门应建立多部门协同合作的产业链供应链小组，保证权责清晰的管理机制，以"底线安全"为原则建立产业链安全的事前预警、事中控制、事后应急流程。针对国家层面存在的产业链短板和厦门产业发展的现实，对可补齐短板的环节设置安全合作伙伴名单，为关键装备、零部件、材料等确定应急产业链体系和应急采购渠道。

另一方面，厦门应发挥信息技术产业优势，将维护网络安全作为坚守产业安全的重要保障，将网络安全作为厦门信创产业体系的重要组成，依托现有产业链和引入新企业，从国产底层硬件、软件到产品功能等层面出发，解决网络安全技术与国产化环境的融合，全维度提升网络安全能力。并增强网络安全、数据安全、个人信息保护的宣传，增强民众的数据素养和数据安全意识，通过公开案例征集、应用大赛等形式，增强社会关注与参与，群策群力丰富增强网络安全的办法。

五　加快推动产业转型升级，建设有国际影响力的自主品牌

尽管厦门现代产业体系建设已经取得一定成绩，为高水平对外开放提供了支撑，但产业发展中仍存在不足，亟须加快产业转型，以提升产业附加值，在全球价值链中由"微笑曲线"低位向高位转移。

从工业发展来看，厦门工业面临投资动力不足、国际话语权有限等问题，厦门工业投资仍主要依靠原有企业的大项目拉动，且龙头企业以外资企业为主，超百亿企业多为外资。这对于产业整体布局和关键环节话语权掌控等存在较多局限。从服务业发展来看，厦门服务业企业普遍规模偏小，抗风险能力较低，企业难以形成规模优势，会出现抗风险能力较差，特别是面临国际局势、疫情等波动因素时，更易受到资金紧缺甚至资金链断裂风险。

针对厦门当前企业规模过小和投资动力不足的问题，一方面，应巩固现有产业集群的优势，并壮大和提升产业集群的规模及实力。应进一步完善产业集群配套，以智能化转型提高园区竞争力和吸引力，在园区内建设智能中心，实现智能生产、智能质检、智能物流、智能服务等。并通过飞地合作等模式，打破园区建设的空间障碍，推进企业数字化转型，打破园区的时间限制，利用大数据、物联网、人工智能等为生产线和产品升级提供支撑，提升产品附加值，为海外市场拓展打下基础。

另一方面，应加强对厦门文化创意等自有品牌宣传，通过金鸡奖等国内国际知名平台,以及开展国有品牌展销会等线下方式,让自主品牌消费也可以满足消费者的社交需求、尊重需求等;并通过直播带货、社交圈推广等线上方式,拓展海内外的潜在市场。将文化贸易与数字贸易相结合,创新数字内容服务形式,将5G、人工智能、大数据、移动支付等技术运用到文娱、旅游等产业中,增强厦门文化的国际传播力和文化软实力。

六　健全人力资源市场体系,促进科技创新和产业升级

厦门在人才吸引顶层设计、基础教育均衡发展、职业教育体系完善和终身学习制度建设上均取得一定成绩。产业变革离不开人的变革,厦门应进一步健全人力资源吸引、培养、评价与激励的机制,储备高水平的产业专家与技术工人,成为全国人才战略高地。

在人力资源吸引与培养上,一方面,厦门应进一步做好基础教育公平发展,保障流动人口子女的就地入学,为城市留住产业工作者和储备未来人才。考虑到较多外来务工人员选择在厦门产业聚集的岛内工作,在物价房价较为便宜的岛外居住,造成了岛外基础教育供给负担较重,可以在随迁子女入学时,根据随迁子女父母的社保及税务等信息,统计随迁子女父母的就业区位,使更多吸纳就业的区对更多承担基础教育的区进行转移支付,负担部分基础教育成本。另一方面,厦门应完善前沿技术相关学科体系,打破学科边界、基础学科与产业应用边界,建设解决关键技术难题为导向的科研中心,以产业需求为导向培养更多研发、应用型人才,并发展应用型大学和职业院校,以现代学徒制培养现代产业体系急需的技术工人。

在人力资源评价与激励上,厦门应总结厦门国家集成电路产教融合创新平台等发展经验,在多个产业集群配套"官、产、学、研"协作的在职教育平台,为前沿产业提供技能匹配的技术工人。同时,鉴于当前技术工人的社会认可度仍相对较低,部分劳动者宁可挤占"白领"

就业的红海，也不愿选择成为市场潜力巨大的前沿产业"蓝领"，厦门应在多个产业领域推广航空维修产业职称改革试点经验，为技术工人建立常态化人才评价和退出机制，使技术工人可以评选为高端人才，并享受高端人才就业的优惠待遇，提升技术工人社会地位和生活服务保障。同时，厦门可总结职称评审的流程与规范，组织技能评审的专家团队，建立全国示范型产业职称评审与技能考核基地，为全国的先进制造业及先进服务业提供技能培训及考核服务，将产教融合的技能培训与考核作为生产性服务业的发展方向之一。

参考文献

习近平：《决胜全面建成小康社会，夺取新时代中国特色社会主义伟大胜利》（2017年10月18日），《人民日报》2017年10月28日第1版。

习近平、罗季荣、郑金沐主编：《1985年—2000年厦门经济社会发展战略》，鹭江出版社1989年版。

《中共中央关于党的百年奋斗重大成就和历史经验的决议》单行本，人民出版社，2021年11月16日。

陈健、郭冠清：《新时代中国建设更高水平开放型经济新体制的方向与路径》，《改革与战略》2019年第11期。

胡必亮、刘清杰：《"一带一路"投资国别风险测算、评估与防范》，《学习与探索》2023年第1期。

黄景贵、纪海芬：《论海南自由贸易港开放型经济体制建设》，《海南大学学报》（人文社会科学版）2019年第6期。

黄群慧、贺俊：《赶超后期的产业发展模式与产业政策范式》，《经济学动态》2023年第8期。

黄群慧、杨虎涛：《中国制造业比重"内外差"现象及其"去工业化"涵义》，《中国工业经济》2022年第3期。

刘洪愧：《"一带一路"境外经贸合作区赋能新发展格局的逻辑与思路》，《改革》20222年第2期。

刘洪愧:《数字贸易发展的经济效应与推进方略》,《改革》2020 年第 3 期。

刘洪愧、赵文霞、邓曲恒:《数字贸易背景下全球产业链变革的理论分析》,《云南社会科学》2022 年第 4 期。

裴长洪:《中国特色开放型经济理论研究纲要》,《经济研究》2016 年第 4 期。

裴长洪、刘洪愧:《构建新发展格局科学内涵研究》,《中国工业经济》2021 年第 6 期。

齐俊妍:《金融发展与贸易结构——基于 HO 模型的扩展分析》,《国际贸易问题》2005 年第 7 期。

全毅:《中国高水平开放型经济新体制框架与构建路径》,《世界经济研究》2022 年第 10 期。

佟家栋:《中国自由贸易试验区改革深化与自由贸易港建设的探讨》,《国际贸易》2018 年第 4 期。

王昊、张书齐、吴思彤等:《中国城市更新投资环境指数模型构建与实证研究》,《城市发展研究》2023 年第 3 期。

谢伏瞻、高尚全、张卓元等:《中国经济学 70 年:回顾与展望——庆祝新中国成立 70 周年笔谈(上)》,《经济研究》2019 年第 9 期。

续继、贺俊:《制造业长期结构性供需失衡的成因与治理》,《理论学刊》2021 年第 4 期。

杨继军、艾玮炜、陆春怡:《RCEP 原产地规则对区域供应链重构的影响》,《国际贸易》2023 年第 7 期。

杨军、黄洁、洪俊杰等:《贸易便利化对中国经济影响分析》,《国际贸易问题》2015 年第 9 期。

朱孟楠、陈冲、朱慧君:《从自贸区迈向自由贸易港:国际比较与中国的选择——兼析厦门自由贸易港建设》,《金融论坛》2018 年第 5 期。

后　记

本书是中国社会科学院与厦门市政府战略合作的院际系列成果之一，全书由中国社会科学院经济研究所所长黄群慧负责总体框架设计，厦门市发展研究中心副主任戴松若具体指导，中国社会科学院经济研究所等单位的多名专家参与研究和写作。具体分工如下：第一章（国家建设高水平开放型经济新体制的背景、内涵与部署）由倪红福、吴立元、王晓星执笔；第二章（厦门构建更高水平开放型经济新体制面临的挑战、劣势和定位）由倪红福、刘洪愧、刘学良执笔；第三章（厦门构建更高水平开放型经济新体制的指导思想和任务举措）由刘洪愧、刘学良执笔；第四章（厦门开放型经济体制建设的历史成就和机遇挑战）由刘学良、胡岚曦执笔；第五章（厦门构建更高水平对外开放新体制的制度问题研究）由刘洪愧执笔；第六章（厦门推动出口贸易高质量发展研究）由刘洪愧执笔；第七章（促进厦门双向 FDI 高水平发展研究）由张自然、张小溪执笔；第八章（厦门探索海峡两岸经济领域融合发展新路研究）由胡岚曦执笔；第九章（厦门探索建设自贸港型经济特区的条件和实施路径分析）由倪红福、吴立元、王晓星执笔；第十章（推进高水平对外开放下的厦门区域发展格局和战略）由刘学良执笔；第十一章（厦门构建更高水平对外开放的产业基础研究）由续继执笔。

在项目研究和著作出版过程中，厦门市发展研究中心在地方实地调研、研究资料整理、成果报告修改等方面做了大量的工作，他们的大力支持是本项目研究得以顺利执行和成果出版的关键，在此对厦门市发展研究中心的各位同志表示诚挚的谢意！

中国社会科学出版社的领导和编辑老师为本书的出版付出了大量的心血，一并在此致谢！

当然，限于写作时间和作者水平，书中难免存在错误和遗漏之处，敬请读者批评指正。

著者

2024 年 7 月